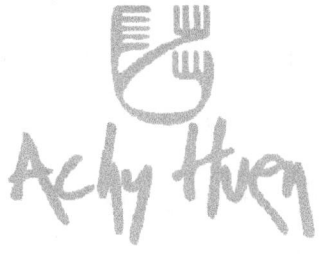

ARTE & DISEÑO

3

EL ROL DEL DISEÑO Y LOS SISTEMAS SIMBOLICOS EN AMERICA PREHISPANICA

Mariana Accornero

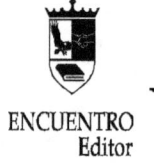

ENCUENTRO
Editor

Editorial Brujas

Miembros de la CÁMARA
ARGENTINA DEL LIBRO

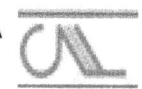

Accornero, Mariana
  El rol del diseño y los sistemas simbólicos en América Latina. -
1a ed. - Córdoba : Brujas.
  96 p. ; 21x14 cm.

  1. Arte y Diseño Latinoamericano. I. Título
  CDD 709.011

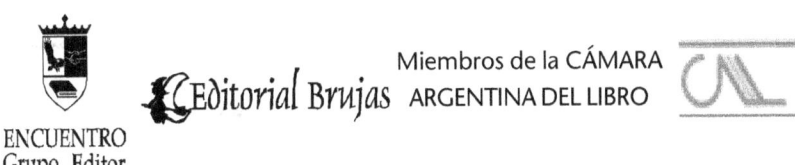

ENCUENTRO
Grupo Editor

Miembros de la CÁMARA
ARGENTINA DEL LIBRO

www.editorialbrujas.com.ar publicaciones@editorialbrujas.com.ar
Tel/fax: (0351) 4606044 / 4691616- Pasaje España 1485 Córdoba -

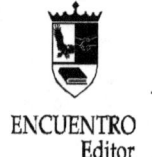

ENCUENTRO
Editor

Editorial Brujas

Miembros de la CÁMARA
ARGENTINA DEL LIBRO

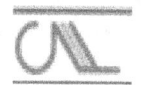

MODULO III:
EL ROL DEL DISEÑO Y LOS SISTEMAS SIMBOLICOS EN AMERICA PREHISPANICA

DEDICATORIA

Dedico este libro a todos los artistas, diseñadores y artesanos que busquen recuperar la identidad de nuestro territorio cultural en sus producciones a partir de los modelos de Culturas Ancestrales del Abya Yala (Continente Americano).

PRÓLOGO

Dice Alejandro Fiadone en su libro El Diseño Indígena Argentino:

"Los Símbolos son portadores de gran cantidad de información. Y no sólo local; acompañando un dinámico intercambio humano y cultural, muchos fueron trasladados por toda América y adoptados, por necesidad o imposición, para expresar nuevos conceptos. Rastreando sus evoluciones se puede seguir el camino de las ideas."

Cada uno de estos símbolos se inscribe en un lenguaje iconográfico cuyos códigos eran comprendidos por la cultura que los generó, y constituían en muchos casos sistemas de escritura como lo narra Antonio Díaz Bolio en su libro La tierra del faisán y el Venado:

"Una escritura hubo que se hacía y se leía en la oscuridad por aquellos que conocían las cosas de lo profundo. Esta escritura era la Verdadera Luz, y por eso no se sacaba fuera , para que los hombres que no podían leerla no se quedaran ciegos de su resplandor. Tal dicen de esta escritura de los muy antiguos que ella misma alumbraba para ser leída.

También había otra escritura hecha con signos que todos podían entender, y por ella salían las enseñanzas de la ley de todos, y también servía para decir los caminos de la tierra y guardar la memoria de lo que sucedía ante los ojos de la gente.

Otra escritura había en las figuras pintadas y esculpidas, que a veces iba con la otra y que se podía aprender a entender.

Y todas las tres eran la guía y señal del espíritu del gran Mayab, y marcaban las hileras de los tiempos.

Cuando se dejó de escribir y de leer, porque cambiaron los tiempos, el Conocimiento quedó sepultado, pero no muerto, y la Luz escondida, pero no apagada. Parece todo perdido porque no se sabe el camino ni la señal. Y ya resplandecerá cuando venga su día y las estrellas marquen el sendero."

Creemos que a partir de nuestro re encuentro con el símbolo podremos retomar el camino hacia el conocimiento, porque ha llegado el momento escrito en las estrellas. Es nuestro desafío en este milenio reconstruir nuestros Sistemas Simbólicos a partir de toda la memoria envasada en numerosos ideogramas y figuras , legado de nuestros ancestros Indoamericanos.

POEMA DE LA REVELACIÓN

Puse mi oído sobre el corazón de las noches ,
Y escuché lo que las noches decían.

Puse la mirada sobre los jeroglíficos antiguos
Y descubrí los secretos de los antiguos hombres.

Penetré con el pensamiento las efigies de los dioses,
Y me fue revelado el misterio de la Creación.

Afiné mis sentidos para percibir
el pulso de la madre Ix-Nacabil,
Y me fue revelado el misterio de la Vida.

Entonces todo mi ser palpitó como los ramajes
Cuando son sacudidos por Ik;
Clavé la mirada en el infinito
Y ascendí al país de dios.

El Mayab Resplandeciente. Antonio Díaz Bolio

9

Introducción

El Diseño ha sido desde siempre la manifestación más fiel del sentir de una cultura, expresando y comunicando ideas, pensamientos, acciones, conocimientos y creencias.

El rescate de los diseños de las Culturas Originarias de nuestro continente americano, nos acerca a una reivindicación histórica en el marco de la reflexión y la valoración de sus producciones que, como manifestaciones artísticas, han trascendido el tiempo y el espacio y conforman un riquísimo patrimonio cultural de nuestra América.

Incorporar nuestros modos de expresión auténticos en la Educación, significa conformar una nueva identidad cultural para el futuro, tomando nuestro patrimonio artístico como fuente de conocimiento, ya que como decía Torres García: **"Ninguna cultura debe repetirse, pero si continuarse"**

Ya a principio del siglo XX Ricardo Rojas en sus obras intentaba una revalorización del arte Indígena a través del estudio de sus diseños inscriptos en la cerámica, el arte rupestre, la arquitectura, como lo dice en Eurindia:

"Si la América nuestra ha de tener un arte propio, éste deberá reanudar el proceso, allá donde lo dejó el indio, como lo hicieron algunos de nuestros pintores: Gramajo Gutiérrez, Franco, Guido, cada uno con su sentimiento personal, pero con un gran sentido de la tradición precolombina, en sus obras."

Muchos artistas del momento se sumaron a este movimiento, incorporando el diseño en la educación escolar, en el arte y la arquitectura, en los oficios y artes aplicadas, en busca de una identidad propia en las manifestaciones culturales, también en la literatura y el teatro. Lamentablemente la llegada de la Segunda Guerra Mundial interrumpió este proceso con las nuevas inmigraciones europeas a nuestro territorio.

A partir de allí, estas búsquedas quedaron en grupos aislados y artistas independientes sin hallar apoyo en las políticas culturales ni educativas.

Hoy se percibe una necesidad de retomar estos caminos hacia las fuentes culturales y nuestros modos propios de expresión, pero es indispensable evitar el esnobismo que lleva a la reproducción no sustentada en el símbolo como expresión de un momento cultural e ideológico, particular de cada territorio de este inmenso continente, que lejos de revalorizar y rescatar atenta contra los sistemas simbólicos allí codificados .

El objetivo de este Módulo del Programa Achy Huen, es conocer las distintas clasificaciones contemporáneas de los diseños americanos, realizadas por arqueólogos, antropólogos, escritores, artistas e investigadores a lo largo de este último siglo. Características compositivas en el diseño gráfico simbólico, modos de organización y proporciones en América, simbolismo del color y la forma . Procesos de diseños posibles de adaptación a la producción actual y a la enseñanza escolar y artística.

CLASIFICACIÓN DE MOTIVOS

A lo largo del siglo XX se han intentado establecer distintas clasificaciones y categorizaciones de los diseños prehispánicos a fin de poder abordarlas desde un lenguaje semiológico y plástico, estableciendo parámetros culturales comunes y diferenciados según las culturas abordadas.

La mayoría de estas clasificaciones han sido realizadas por arqueólogos y antropólogos que incursionarnos en el lenguaje plástico visual. Pocos han sido los aportes desde las Artes Plásticas al respecto.

Presentamos las diferentes miradas para estructurar un estudio semiológico y plástico que nos permita adentrarnos en los significados y construcciones compositivas del lenguaje gráfico americano.

Silabario de decoración Americana
Ricardo Rojas - Bs. As. 1930

El diseño precolombino se compone de unidades morfológicas que conforman un alfabeto metafórico y simbólico, con un lenguaje figurado que va más allá de un ideograma, sino que se puede considerar jeroglífico, articulado con signos fonéticos. Para Humboldt son " figuras susceptibles de ser leídas"

Podemos clasificarlos en :

1 -   **Temas geomorfos**: Elementos geométricos o eskeiformes, una forma de estilización, transfiguración, esquematización , de arquetipos.

2 -   **Temas fitomorfos**: Tema anecdótico: Simbólico realista

3 -   **Temas zoomorfos**: Hieratismo religioso. Culto al tótem.

4 -   **Temas antropomorfos**: Intención litúrgica, contenido anecdótico, función decorativa. Personaje histórico. Mito antropomorfo. Semillero de emblemas jeroglíficos.

5 -   **Temas mitomorfos**: metamorfosis antropozoomorfas, Complejidad representativa.

fig 1

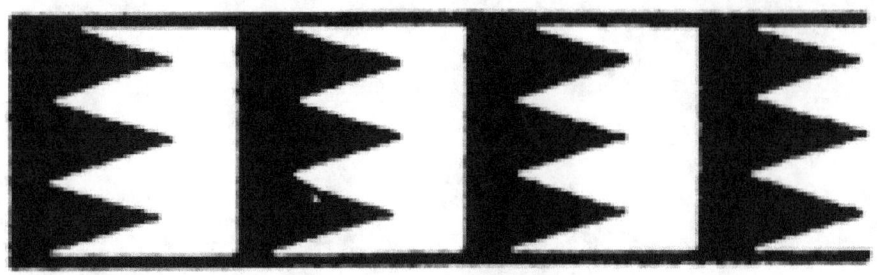

fig 2

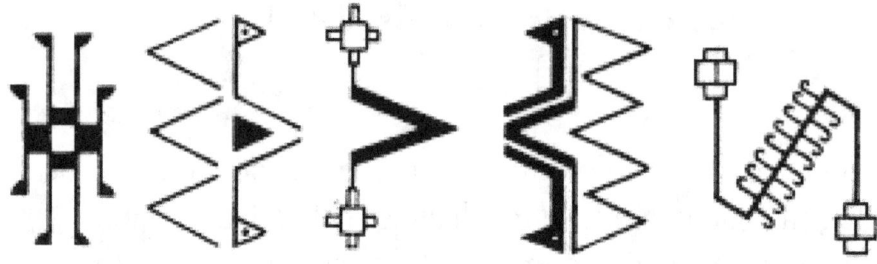

fig 3

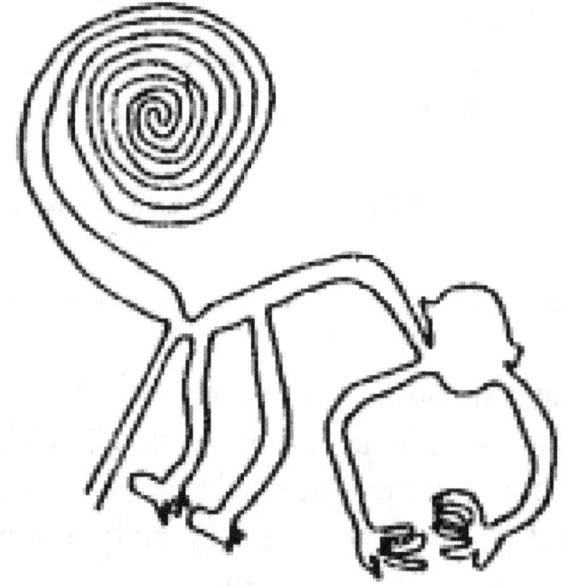

fig 4

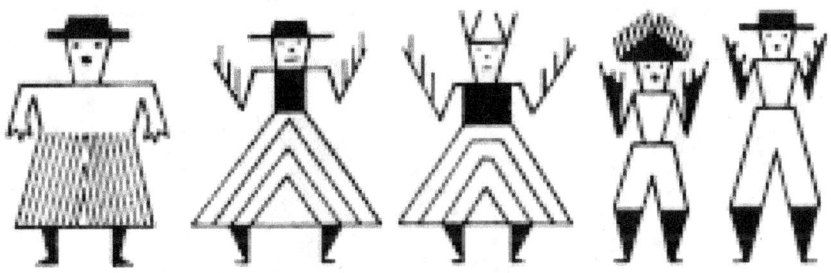

fig 5

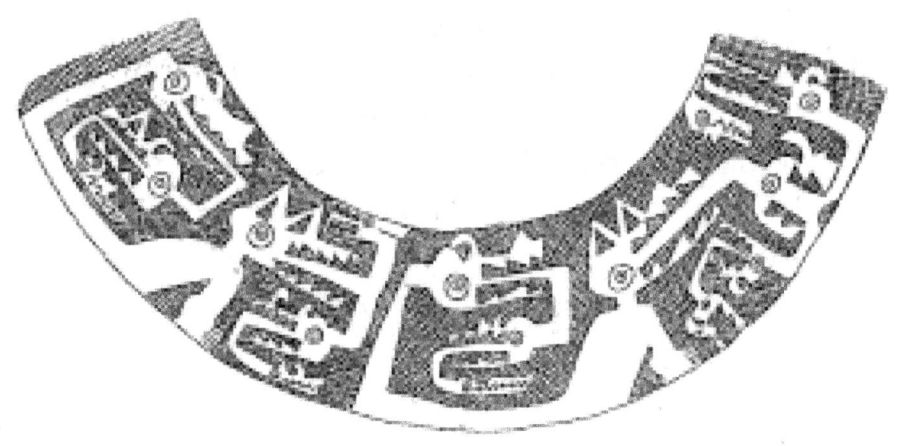

ESTILIZACIÓN SIMPLE Y GEOMETRIZADA

El arte no copia la naturaleza: nace de ella; pero así como no copia en el arte, tampoco hay creación. El artista halla en la naturaleza formas que interpreta, estilizándolas, combinándolas, animándolas con su espíritu. Así el arte resulta una obra personal del hombre y a la vez una transfiguración del cosmos.

Esta transfiguración es siempre una simplificación, pues el artista selecciona los rasgos esenciales y somete su composición a las convenciones de la técnica. La perspectiva en la pintura es una simplificación del espacio; el claroscuro en la escultura es una simplificación del color. Por es decimos que el artista no crea: inspirándose en la creación natural, recrea, en doble sentido de que crea nuevamente una imagen, según sus limitados medios técnicos o fisiológicos, y de que la concibe para recreo, o sea para deleite de la contemplación espiritual. Procesos mentales:

Observación – selección – interpretación – abstracción - estilización

Tipos de geometrización:

a) Eskeimorfos por condición del modelo real

b)   Esquemático por primitivismo de técnica

c)   Geometrizado por estilización reflexiva

Proceso de estilización:

Selección ——————————— Síntesis: Elimina detalles

Descubre rasgos predominantes

Armoniza líneas esenciales para crear la ilusión

Los artistas indios conocieron hasta lo más profundo este secreto, puesto que el arte y el hombre son limitados, buscaron las líneas, planos, colores menos anecdóticos, para definir su concepción dentro de formas categóricas. Así perfeccionaron el arte del estilizamiento simple, llegando a extremos de estilizamientos geometrizados, asombrosos por la reflexión y el equilibrio que revelan.

Sería frívolo pensar que a este procedimiento les obligó la urdimbre de los telares o la dureza de las piedras, puesto que lo aplican también al blando modelado de la cerámica y a la coloración por medio del pincel, como se ve en los vasos calchaquíes. Por eso creo que se trata de una forma especial del genio americano, basando, al efecto, considerar sus figuras para comprobar que la audacia de la concepción y la maestría de la factura se concilian con los extremos de estilizamiento, dentro de un equilibrio admirable.

Fig 6

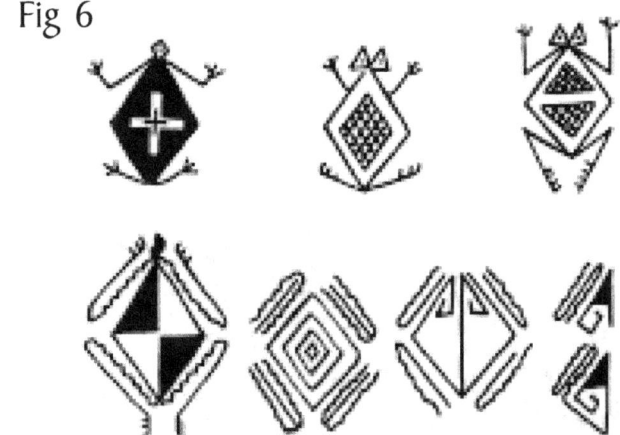

COMPOSICIÓN

La composición decorativa es la articulación de unidades en conjuntos más vastos, aunque limitados a su vez por el contorno de otras unidades mayores: signos como letras, articulación de letras como sílabas, y su sintaxis ajustados al ritmo de una frase expresiva.

Principios generales:

1 -   Adecuación del conjunto ornamental a la forma de los objetos o soportes.

2 -   Coordinación interna de las partes en acorde con los límites espaciales de la composición.

El artista armoniza de este modo en su obra la función útil y la forma bella, la técnica industrial y la imagen simbólica, el modelo realista y la interpretación espiritual, la cultura afectiva y el propio genio, pero sin olvidar el acorde que debe existir, como canon de la unidad como pauta de los conjuntos, dentro del límite del objeto decorado.

Fig 7

fig 8

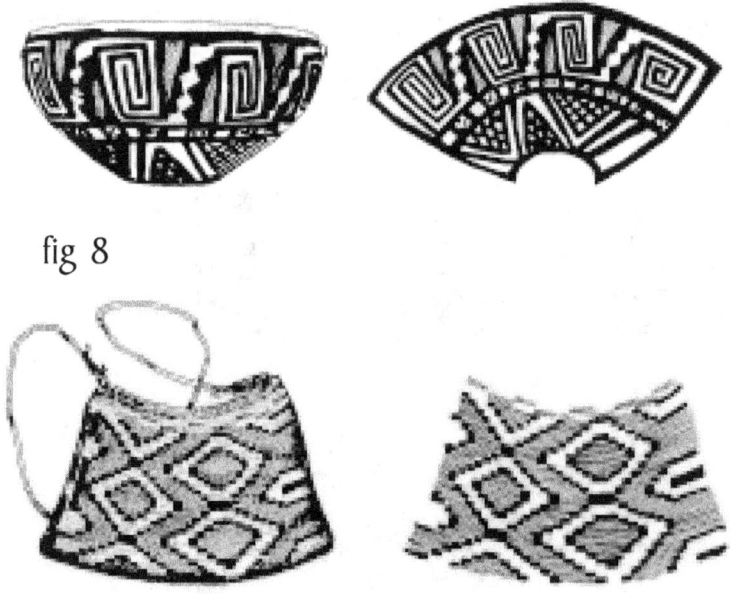

Normas:

1- Norma de **repetición**:

a) Yuxtaposición: series continuas y homogéneas por sucesión del mismo módulo

b) Contraposición: pares que pueden integrarse entre si formando nuevas unidades complejas. Caso de repetición y dirección a la vez.

c) Interposición: Alterna dos o más motivos que se corresponden por el ritmo.

2- Norma de **dirección** : posibilidad de lectura continua de los motivos

3- Norma de **adecuación**: El diseño se adapta al soporte.

4- Norma de **proporción**: Existencia de canon en América: Fig. Humana: 6,5 a 7 pies

5- Norma de **coordinación**: El fundamento lineal, sí como la geometrización, quizás tuvo origen en los telares, aunque el cierto nivel de la creación estética y de la técnica deja de ser indispensable. Los hilos del tejido, cruzándose entre si dan las cuadrículas, retículas y losanjes. Sobre los cuadros primitivos el patrón lineal puede servir de base para zig zag de líneas oblicuas y al juego de curvas simétricamente onduladas, o espirales , o meramente circulares, que se rozan tangencialmente o se cortan marcando ejes y espacios intersticiales. Todos los esquemas reguladores pueden reducirse a cuadros en que se inscriben los temas y se marca la posición equidistante de las figuras. Sobre estas líneas esquemáticas se desarrollan las más variadas composiciones, cubriendo vastas superficies planas.

Tratándose de superficies que pueden dilatarse indefinidamente, la composición necesita de una estructura interna que coordine los temas para su propia estabilidad, como ocurre en los paneles murales y mosaicos, pues la orla que le sirve de friso o encuadramiento suele ser distinta al tema central. Esto se sostiene por su esquema y por más disimulado que se halle y por más libre que parezca el movimiento melódico, según ocurre en pautas de ovoides y espirales, la coordinación matemática existe, a veces tan sorprendente como las correspondencias armónicas de la tabla del nueve, cuyos resultados suman siempre la cifra inicial.

Las normas de repetición y dirección aplicadas a un esquema forman la coordinación. La serpiente y el escalonado contienen la repetición, la adecuación y la proporción.

Cuando la unidad temática no es simétrica ella misma, o de formas homólogas en su perfil, las unidades puede ir adosadas, acostadas o afrontadas, según que estés yustapuestas por la espalda, o de frente, o de faz, con relación a su gemela, inscribiéndose ambas en un solo espacio o en sendos espacios pareados; pero hay que saber elegir las figuras, los matices y las medidas, para que la coordinación resulte armoniosa.

El patrón geométrico fundado en lógica matemática (simetría) hace más claras las figuras (Ej: Tiahuanaco), pero una composición irregular puede ser también sometida a esquemas geométricos (Ej: Nasca)

Fig 9

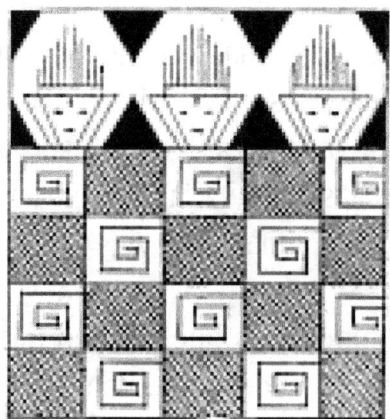

RITMOS SIMÉTRICOS Y LIBRES

"*Tal vez está en el movimiento espiritual de las imáge-nes* animadas por el soplo de la emoción"

La naturaleza está compuesta de formas esencialmente rítmicas astrolatría (rotación solar) y la zoolatría (pulso vital)

La bellísima música indígena, sus coreografías, composiciones e imágenes están animadas por el movimiento inicial de la vida, transfundido a la emoción de belleza. El ritmo es el misterio espiritual, manifestándose mediante los recursos plásticos de la imagen; la repetición, la dirección, la coordinación, la proporción, esquema rectilíneo u ondulado, policromía, y así puede resultar más o menos libre.

El ritmo dentro de la cuadrícula es simétrico, dentro de la retícula es más libre y aún más si se adapta al patrón circular, espiral, zig zag en quebradas, onduladas o rombos.

El ritmo consiste en el misterio sideral(música de las estrellas), que a través del misterio vital(simetría de los seres o pulso de la sangre), se manifiesta como síntesis plástica y dinámica en la figura del tema, en la proporción del esquema, en la norma de la serie, resultando así, ondulado o rectilíneo, regular o anómalo.

Todo esto quizás se aclara con decir que el ritmo de las artes plásticas es una traslación que el espíritu realiza entre el espacio y el tiempo.

Fig 10

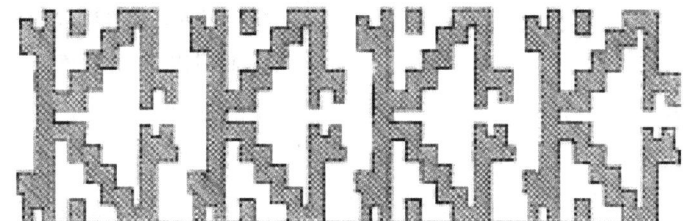

Achy Hien

LOS SÍMBOLOS

El modelo natural proviene de un ambiente geográfico; el modelo ideal proviene de un ambiente espiritual, y el tipo de estilización proviene de la sensibilidad humana *colectiva en la raza, individual en el artista* que le comunica su ritmo interior, como se observa en módulos , greca, metopas o capiteles. A estos procesos debemos agregar las costumbres de cada pueblo, a las cuales se adaptan lo objetos usuales; la inventiva en la línea de los contornos que a u vez se adapta a dichos objetos, y la creación de atributos decorativos, por asimilación de modelos exóticos o por inspiración de modelos ya elaborados en generaciones anteriores, dentro de un mismo ambiente geográfico.

Símbolo del hombre:

Se podría afirmar que todas las artes plásticas son en si mismas símbolo del hombre, en el múltiple sentido que refleja el ambiente que lo rodea, y copian al modelo antropomórfico con especia atención, y expresan bajo sus signos la idea que la conciencia humana se ha formado en el universo.

Otros símbolos:

Puma: Sol y fuerza

Cóndor: espacio y movimiento

Pez: agua y luna

Ojo alado: rayo y lluvia

Pie: marcha

Falo: masculino

Círculo: femenino

Cruz: Sexo copulado, fecundidad universal

Escalonado: tierra

Zig zag: rayo

Mano: acción inesperada

Cetro: poder

Corona: jerarquía

Ondulado: agua

vívora: vida elemental y muerte reencarnaciones, fuego, luz, tierra, aire, rayo, inteligencia, amor. fuego que se adquiere en la iniciación

<u>**Círculo y cruz**</u>: Representa la divinidad, al horizonte infinito, a los cuerpos celestes y a la "Rueda del Tiempo" en su continua rotación. El círculo con su centro es el creador y la creación ya diferenciados, mientras e círculo con su diámetro es la madre naturaleza en su latente poder de fecundidad. El diámetro horizontal cruzado por una línea vertical, símbolo de origen de la vida humana y sus sexos. La cruz dentro del círculo es emblema de panteísmo puro, en tanto que la cruz de palos iguales, sin el círculo divino, es meramente fálica. De ahí que se símbolo femenino y masculino(horizontal-vertical) como potencia de fecundación natural.

De otro punto de visa la cruz dentro del círculo puede representar el cosmos y sus cuatro elementos, el espacio y sus cuatro rumbos, el año y sus cuatro estaciones.

La cruz al variar su forma cambia de significados. Puede ser imagen del árbol geometrizado o del hombre esquematizado. Va pasando así de lo sensual a lo místico, de lo astronómico a lo histórico.

Fig 11

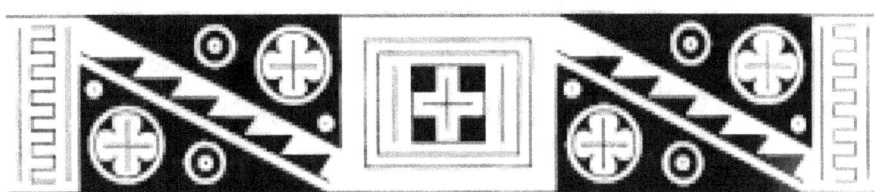

Achy thun

Triángulo: Cuando está con a base hacia arriba, representa la involución del espíritu en la materia, cuando está con la base hacia abajo, la evolución de la materia hacia el espíritu, retorno a la creación de su creador. De modo que combinados ambos signos en la estrella hexagonal, representan la totalidad del cosmos como nóumeno y como fenómeno.

Fig 12

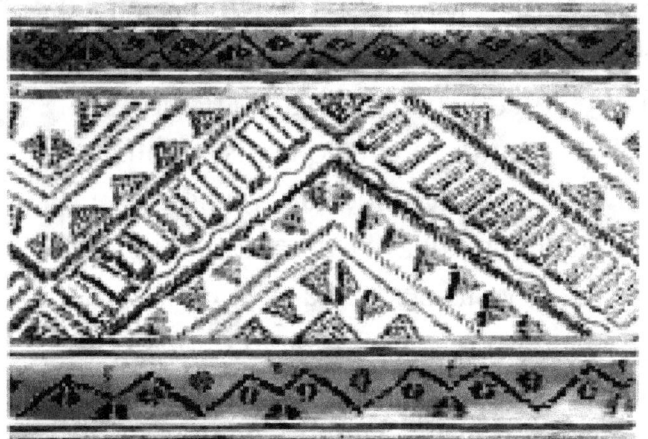

Q'ENQO CHILI DE COMBARATA

Fig 13

Textiles araucanos:

La urdimbre de lana y las tinturas intensas, así como los elementos decorativos, generalmente geométricos, asemejan los tejidos araucanos a los del quipu incaico. Entre sus signos predomina la línea angular del símbolo tierra, cuyos escalones aparecen dispuestos en variadas formas, consistiendo a veces, el ornamento de las matras en la línea blanca sobre el fondo negro. También hay en colores.

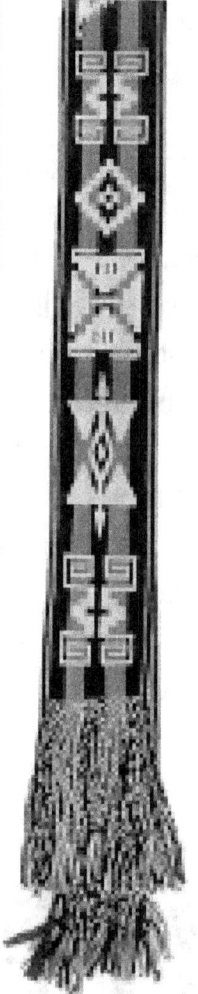

27

Estilo Calchaquí. Características:

a) Predominio de cerámica sobre otras artes

b) Riqueza de formas en los vasos, aunque con escasas figuras modeladas

c) Gran desenvolvimiento de esta quizás por razones litúrgicas

d) Concentración del interés decorativo en la pintura

e) Composición realizada sin sometimiento a un canon simétrico

f) Abundancia de unidades geomorfas y zoomorfas y escasez de fitomorfas

g) Geometrización exagerada y simplificación audaz de las unidades

h) Acorde íntimo de la composición en el grupo del vaso

i) Coloración tenue en sepias y bistres esencialmente sobrios

j) Dibujo que se confunde con el color y decoración sometida a un tema simbólico

k) Símbolos que parecen corresponder a una concepción cosmogónica de asimilación local.

l) Reminiscencia de signos que, como el escalonado, aparecen en Tiahuanaco o son comunes en todo el arte americano.

El estilo es por un lado el carácter y por otro, la belleza.
El arte fue liturgia y la religión símbolo mitológico.
Así como la escritura es dibujo de las ideas, el dibujo es escritura de las imágenes.

Fig 14

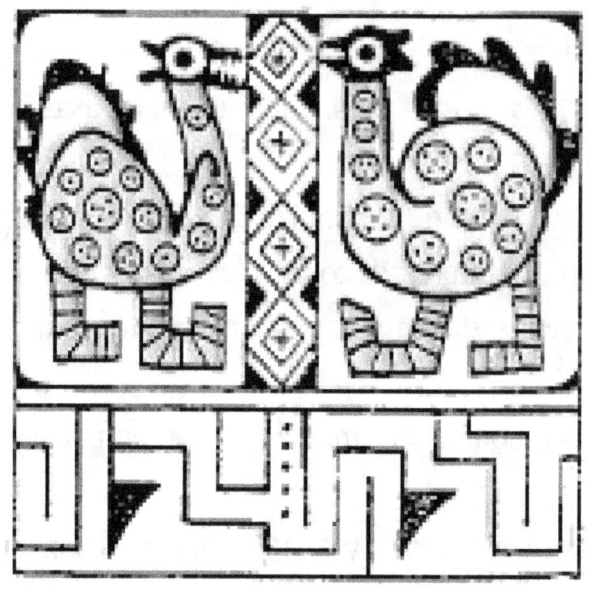

Motivos recurrentes en los diseños Prehispánicos:

ZOOMORFOS: Ornitomorfos: aves: Pato, Ñandú, picaflor, búhos, cóndor, perdiz, pelícano.

Mamíferos: zorro, jaguar, puma, vizcacha, camélidos, guanacos, caballo, perro, murciélago.

Reptiles: Ofidios: Serpientes, lagartos, iguanas. Batracios: sapos.

Anfibios: peces.

FITOMORFOS: maíz, magüey, flores: cantuta, rosas; árboles, peyote, cactus, cacao, tubérculos: papa, zapallos.

ANTROPOMORFOS: Sacerdotes o shamanes, guerreros, agricultores, constructores, esclavos, masculinos y femeninos, actividades comunitarias: danzas, ceremonias, rituales, actividades cotidianas, escenas de caza y domesticación de animales.

OBJETOS: Escudos ceremoniales, báculos, trajes, tocados, hachas, instrumentos de agricultura, de hilado y tejido, amuletos, instrumentos musicales.

GEOMÉTRICOS: Escalonados, quebrados, zig zag, rombo, triángulo, cruz cuadrada, rectángulo, círculo, ganchos, serpenteados, punteados, irregulares.

Fig 15

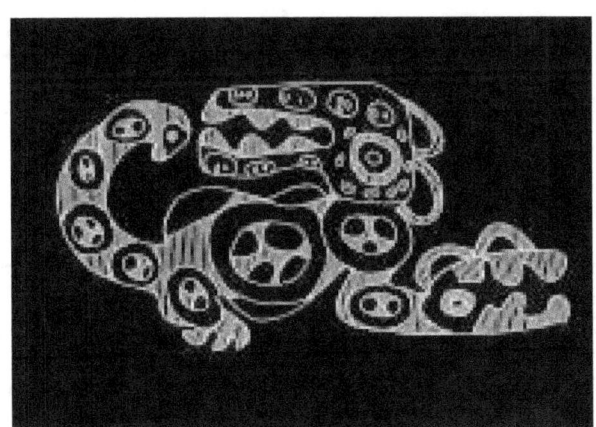

fig 16

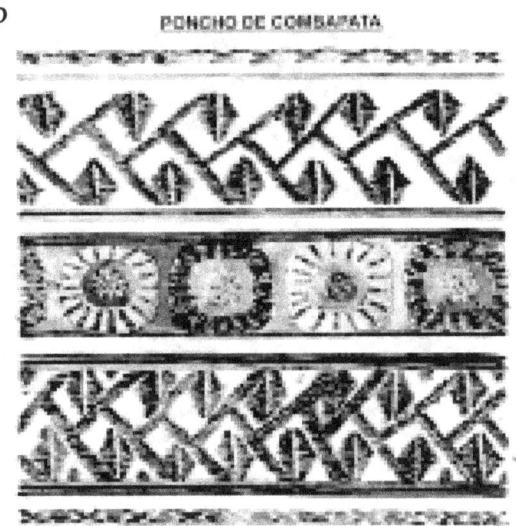

PONCHO DE COMBAPATA

fig 17

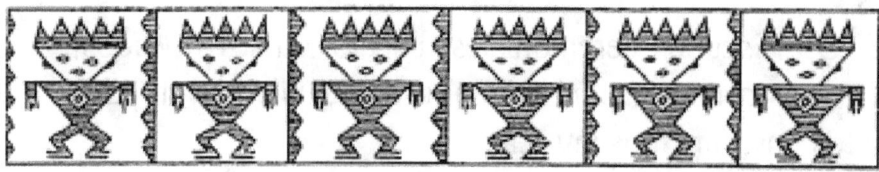

fig 18

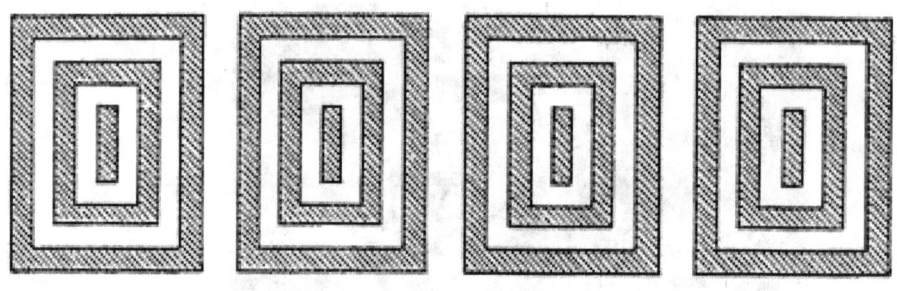

fig 19

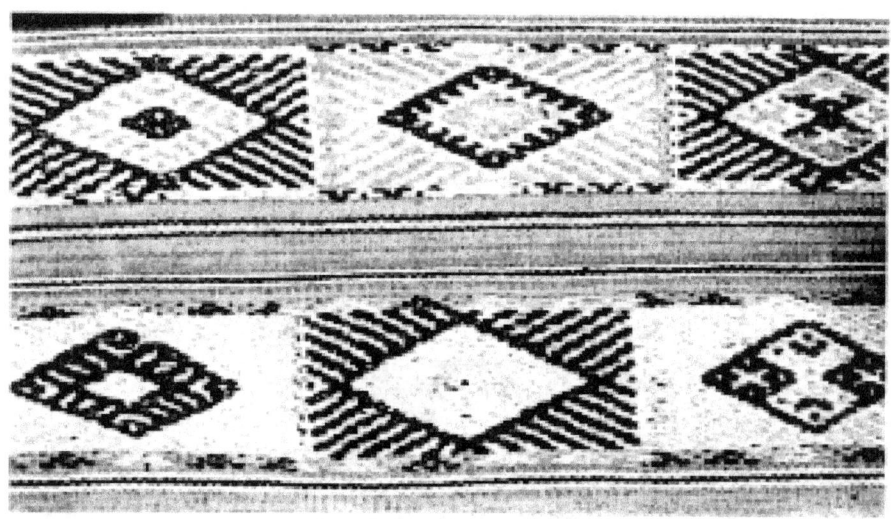

Arte decorativo de los Diaguitas
Antonio Serrano

Según las teorías evolucionistas, el atavío del cuerpo precedió a toda manifestación artística, la escultura de bulto al relieve, el dibujo a la pintura, la plática antropomorfa y la zoomorfa a la geométrica. (Woerman)

El arte como Patrimonio Cultural , posee ciclos de estilos y técnicas.

Para Luquet, el **estilo** varía según las tendencias psíquicas y estéticas de los artistas. Meyer lo define como " un conjunto de peculiaridades resultantes de la relación recíproca entre materia, finalidad y forma."

En si, en el hombre hay una tendencia a la estilización que lo conduce a la representación geométrica:

Unidades pansíquicas: Grecas, escalonados, aserrados, cruz.

Ordenación rítmica: Reticulado, cuadriculado, rectangular o romboidal: Elementos constructivos.

Mutación: Motivos cruzados (Greslebin)

Grupos de Estilos:

A veces la representación es producto de la técnica (Ej: cestería)

Tecnomorfo: Surge de técnicas de un período cultural

Plectógeno: deviene del trenzado o tejido: geométrico-esquemático

Otras surge de la representación naturalista:

Fisioplástico, fisiomorfo o fisiógeno: imitación de la naturaleza.

Cuando no reproduce el objeto, sino como lo imagina el artista o diseños:

Ideoplástico: No reproduce la naturaleza sino sus estilizaciones.

Eskeimorfo: guardas geométricas, esqueatizaciones.

Los motivos estilizados y desarticulados que llamamos ideográficos, aparentemente plectógenos, sólo son entendidos y usados por miembros de la tribu o clan.

Fig 20

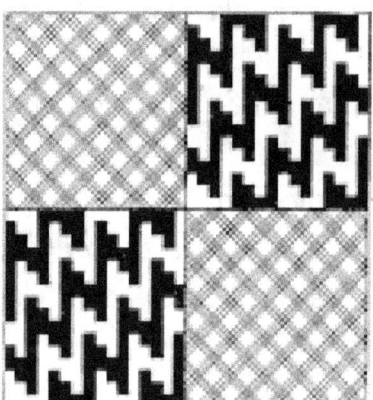

Unidades decorativas: motivos simples o complejos de significación estética unitaria, cuya repetición ordenada da origen a guardas, registros o zonas dentro del conjunto representativo. Pueden ser abstractas, fisioplásticas, mitológicas.

Procesos de Estilización: **Desarticulación**: separación en partes que representan el todo. Recomposición

Homonimia gráfica: motivos semejantes representan cosas diferentes

Sinonimia gráfica: imágenes de diferentes aspectos representan el mismo objeto

(Clasificación de Luquet)

Ejemplos:

En Calchaquí, Cultura Santa María:

Unidades decorativas: Naturalistas: Serpiente – ñandú – batracio – Figura humana.

Geométricas: Línea, líneas de puntos, grecas, escalonados, triángulo, rombo liso o con relleno de otros rombos y cruces.

En Aguada:

Unidades decorativas: Figurativas: Felino , humanos, serpientes, batracios y aves felinizadas. Abstractas: Desnaturalizaciones del felino: garras, manchas, rombos, ganchos, aserrados.

Fig 21

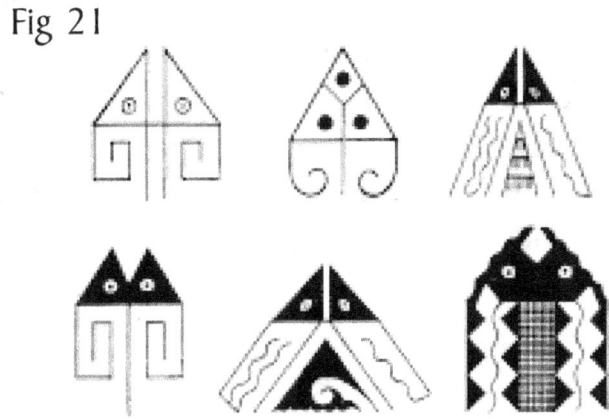

fig 22

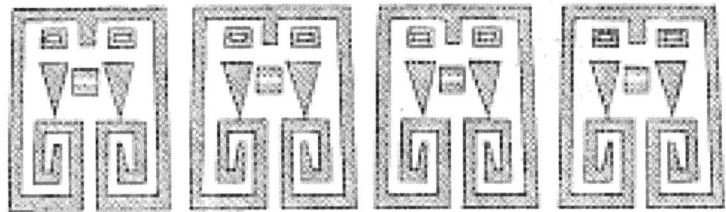

fig 23

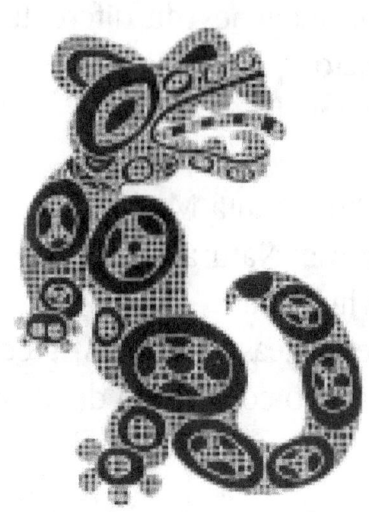

Glosario:

Estilización: producto de una voluntad artística orientada. Todo motivo figurado tiene significado y forma. Habla al espíritu y no a los ojos. (Luquet)

Esquematización: Poder de abstracción. Habla al entendimiento. Función comunicativa.

Desarticulación: Separación de partes de un motivo que lo representan en su totalidad.

Eskeimorfos: Ordenamiento rítmico (posiblemente de origen plectógeno o ideográfico)

Orla: Diseño que rodea algo .Ej: cerámica: orilla decorada

Greca: Diseño de fajas. Ritmo geométrico, ángulos rectos.

Mariana Accornero

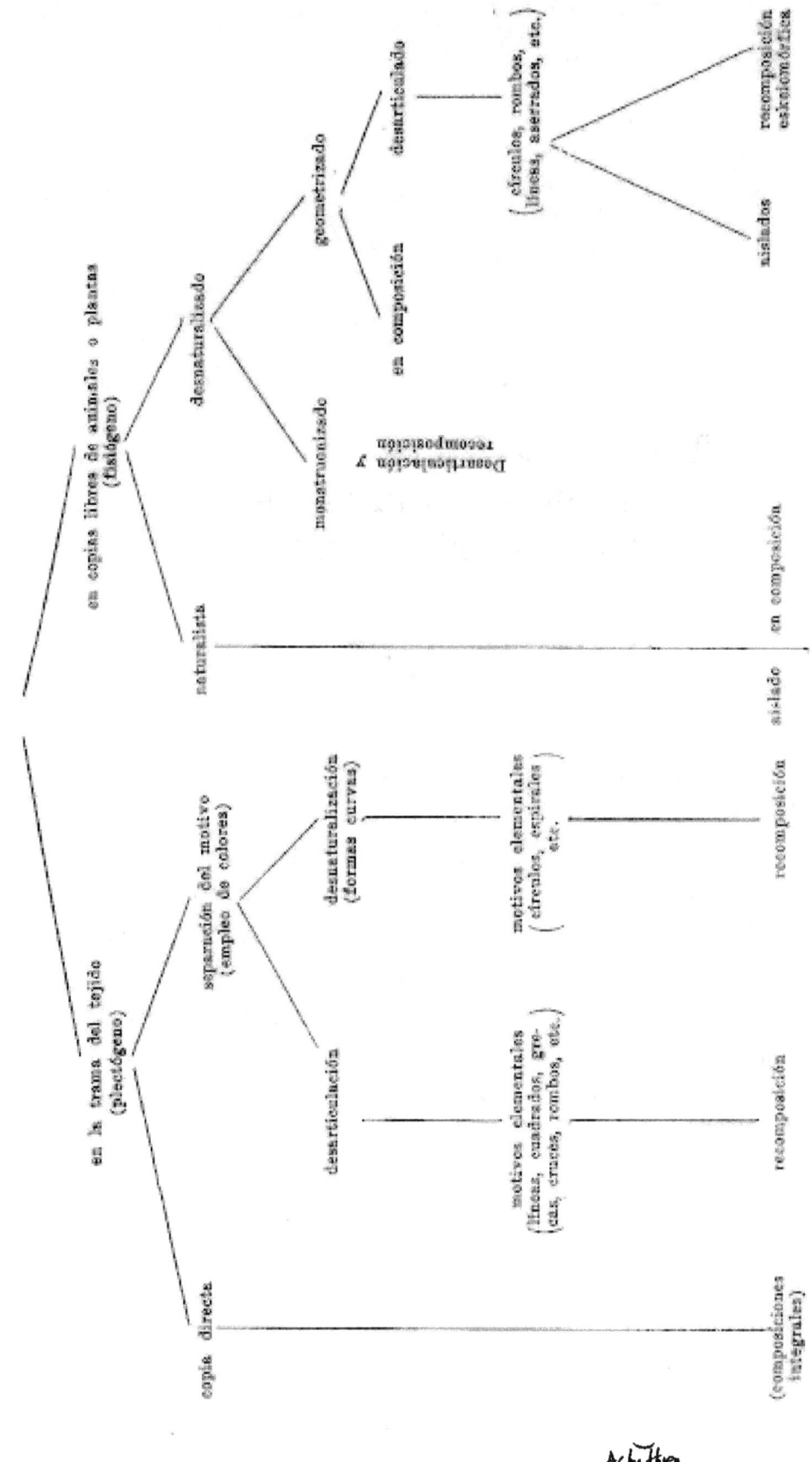

ORIGEN DE LA DECORACION GEOMETRICA

en copias libres de animales o plantas
(fitógeno)

desnaturalizado

geometrizado

desarticulado

(círculos, rombos,
líneas, aserrados, etc.)

recomposición
caleidoscópica

aislados

en composición

monstruoizado

Desarticulación y
recomposición

naturalista

aislado   en composición

en la trama del tejido
(plectógeno)

separación del motivo
(empleo de colores)

desnaturalización
(formas curvas)

motivos elementales
(círculos, espirales,
etc.)

recomposición

desarticulación

motivos elementales
(líneas, cuadrados, gre-
cas, cruces, rombos, etc.)

recomposición

copia directa

(composiciones
integrales)

"Profundización de los aspectos estéticos de Petroglifos y Pictografías de la provincia del Neuquén"

Teresa Vega, Susana Marioni, Mónica Geloz

Se considera que el análisis intrínseco o morfológico de las manifestaciones rupestres por un lado, y su funcionalidad, por otro, podrían aproximarse a la composición de símbolos que en el transcurso del tiempo variaron muchas veces de contenido. Por ello los cuatro grupos de motivos que se han adoptado son:

Estereotipados: forma más bien simples pero especializadas que se repiten con escasas variantes.

Decorativos: en general presentan una estructura geométrica rectilínea o curvilínea.

Cúlticos: Se hallan ubicados en posiciones destacadas dentro del sitio artístico, independientemente de su carácter abstracto o representativo.

Indicadores Culturales: Permiten correlaciones cronológicas culturales, unas veces por representar elementos o escenas de conocida extracción, otras por ser rasgos distintivos de las formas de arte de una cultura cuya datación y dispersión se conoce en forma fehaciente.

Se considera que el arte rupestre está integrado por figuras que tomadas en forma individual reciben el nombre de motivos.

Los motivos pueden representar realidades o ideas reconocibles y sus asociaciones pueden conforman un arte figurativo. Pueden ser de tipo geométrico , con lo que el arte rupestre se vuelve abstracto. Los motivos, sean abstractos o figurativos, se asocian según una forma , un modo y una tecnología particular, para dar lugar a un estilo (figurativo o abstracto según los motivos que lo integran).

Fig 24

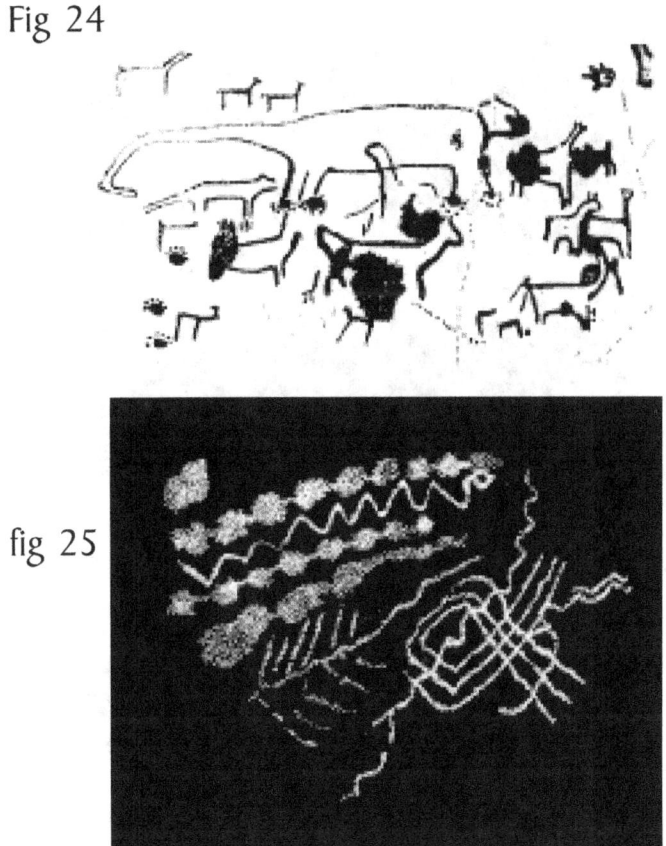

fig 25

Metodología de análisis de diseños:

VARIABLES INDEPENDIENTES: Se presenta como condición y antecede a los motivos:

líneas, puntos, trama, soporte

VARIABLES DEPENDIENTES: Motivos producidos por las variables independientes:

Motivos Abstractos:

simples: regulares-irregulares   simetría-asimetría

compuestos: regulares-irregulares   simetría-asimetría

Motivos Representativos:

naturalistas: biomorfos-objetos-escenas

estilizados: biomorfos-objetos-escenas

esquematizados: biomorfos-objetos-escenas

fig 26

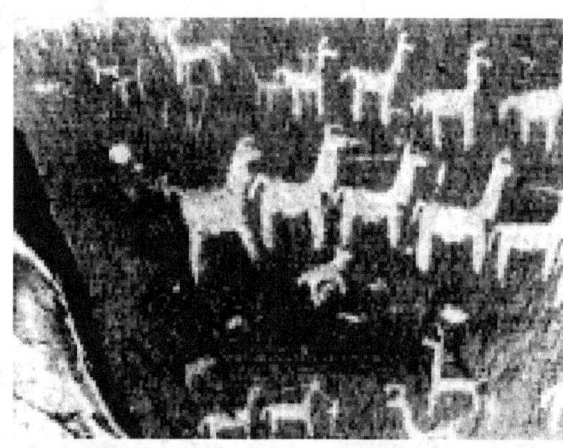

fig 27

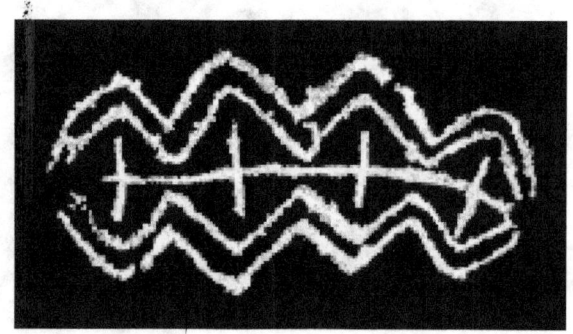

Ordenamientos Compositivos

Repetición: paralelismo	Ritmos: Continuos-discontinuos
ortogonalidad	Alternos
angularidad	Progresivos
Grecas	Libres
	Opuestos
Simetría: axial	Asimetría
refleja	
traslatoria	
opuesta	
radial	

UNIDADES BASICAS DE UN MOTIVO: Formas Primarias de su Expresión Artística

VARIABLES INDEPENDIENTES: Se presenta como condición y antecede a los motivos

VARIABLES DEPENDIENTES: Motivos producidos por las variables independientes

FORMA ABIERTA: No aislada del espacio circundante, lo penetra. Remiten a una sensibilidad confiada más en el hallazgo repentino que en la claridad y la afirmación conceptual. Sugiere indeterminación, indefinición, beneficiando la subjetividad y la imaginación.

FORMA CERRADA: Envoltura formal conclusa que la aisla del espacio circundante, diferenciando claramente figura de fondo. Expresa un pensamiento concluido,se trata de una estructura concisa y clara. Es una construcción antiespontánea, puesto que presupone la existencia de una realidad que se agota en si misma.

LINEA CURVA: Dinamizadora, a excepción de su formulación en círculo que consigue estabilidad. Asociada a la naturaleza. Necesidad expresiva básica del hombre.

LINEA RECTA: confiere estabilidad en su uso horizontal y vertical. A nivel conceptual expresan seguridad. En su posición Oblicua o diagonal dinamiza el objeto. Asociada a lo humano y su abstracción, ya que no existe en la naturaleza.

SUPERFICIE: plano bidimensional o tridimensional que funciona como soporte del motivo.

GRABADO de cuerpo lleno: Total de la figura en bajo relieve.

MOTIVOS: Glifos o la obra artística (unidad artística) constituidos por variables independientes.

REPRESENTATIVOS: Reproducción de la naturaleza

ABSTRACTOS: Creación intelectual.

MOTIVOS SIMPLES: Figuras ejecutadas mediante un trazo aparentemente unitario, en el que todas las líneas o superficies se conectan en una sola entidad. Ej: pintura lineal, grabado, surco o cuerpo lleno con una misma técnica.

MOTIVOS COMPUESTOS: constituido por dos o más elementos vinculables entre si por razones técnicas, morfológicas o de contenido. Ej: una figura lineal junto a otra con punto o líneas de diverso espesor.

SIMETRIA: Distribución equitativa del diseño a ambos lados de uno o dos ejes centrales. Puede ser: Axial, traslatoria, reflexiva, opuesta, radial.

ASIMETRIA: Distribución no equitativa del diseño a ambos lados de un eje. Equilibrio oculto.

ESTRUCTURAS REGULARES: Organización de los elementos de manera ordenada, estructural.

ESTRUCTURAS IRREGULARES: Organización no estructurada, confiere mayor dinamismo.

PROCESO DE SIMPLIFICACION: pasaje de estructuras naturalistas a una síntesis esquemática del motivo. Proceso de abstracción.

NATURALISTA: principio de similitud de la imagen producida con el objeto representado.

ESTILIZADOS: extracción progresiva de elementos accesorios, decorativos, superficiales del
modelo, en busca de elementos característicos y representativos del mismo.

EQUEMATIZADOS: Síntesis última donde el trazo supera la abundancia del grafismo y los detalles, expresando actitud, gesto, dirección, tensión. Aspecto casi inmaterial, esquema.

BIOMORFO: Lo que más se asemeja a la realidad zoomorfa, antropomorfa o fitomorfa.

PUNTO: Forma de ordenamiento simple que se basta a si mismo. Puesto sobre un plano adquiere un marco de referencia, de relación (tamaño, distancia, período)

REPETICION O REITERACION: principio ordenador que genera ritmos continuos o progresivos.

PARALELISMO: Repetición en la misma dirección y en una distribución equidistante. Ej:

ORTOGONALIDAD: Desplazamiento de una línea en posición perpendicular, generando estatismo.

ANGULARIDAD: Ordenamientos de líneas en direcciones opuestas formando ángulos de 90º, en posición diagonal, generando dinamismo en zig zag

GRECAS: repetición de ángulos rectos, con líneas en posición vertical y horizontal en distribución Paralela.

COMPOSICION: Organización de elementos sobre una superficie bi o tridimensional, de modo que conformen un todo indisoluble, como nueva unidad estética.

 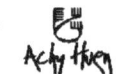

Retórica y simetría, una conexión olvidada
José Luis Caivano

SIMETRIA: Es la conveniente correspondencia entre los miembros de la obra, y la armonía de cada una de sus partes con el todo.

DISIMETRIA: Simetría imperfecta (resulta más atractiva)

"El universo es un sistema disimétrico y la vida una función de esa disimetría". (Pasteur)

ANTISIMETRIA: Similar y opuesto a la vez.

ASIMETRIA: Opuesto a la simetría.

OPERACIONES SIMETRICAS: Traslación

Rotación

Reflexión Especular

Dilatación: mutación progresiva

Gradación: repetición con variación paulatina.

ISOTOPIA: Regularidad formal.

ALOTOPIA: Quiebre de la regularidad, alteración que produce punto de interés.

ANTÍTESIS: reversibilidad figura-fondo – ambigüedad.

RITMO: Repetición de una forma a intervalos regulares.

SILEPSIS: Figuras ambiguas o reversibles.

Fig 28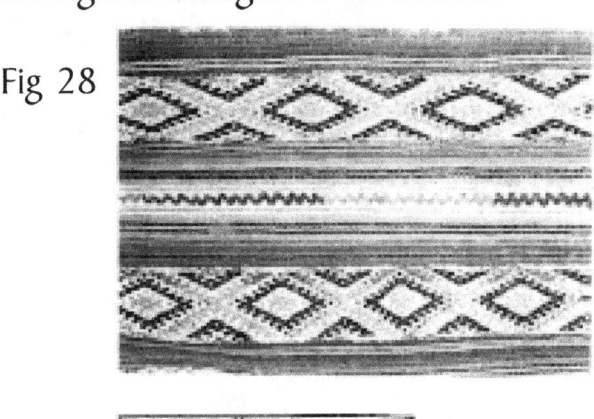

fig 29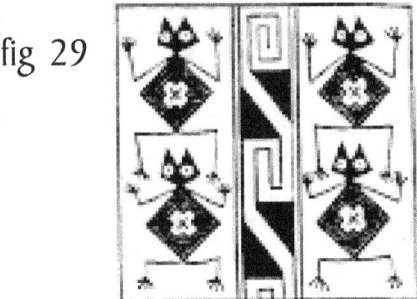

fig 30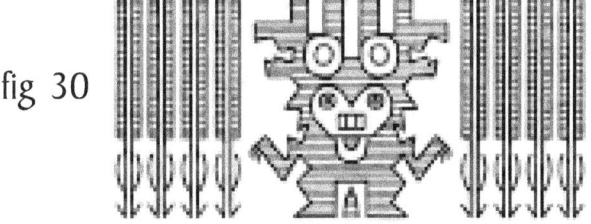

fig 31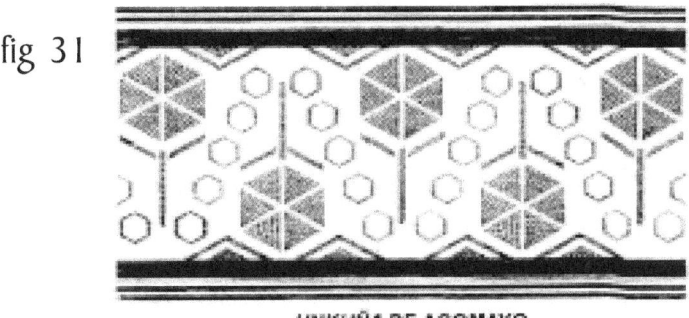

UNKUÑA DE ACOMAYO

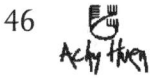

EL OJO DEL TEJEDOR
E. y C. Franquemont

SIMETRIA: Expansión o reproducción de una célula en dos o más direcciones.

El uso de la simetría reduce una gran cantidad de información auna escala manejable.

p	célula
pp	traslación
pq	reflexión
pd	rotación
p p	reflexión
d d	y desplazamiento

CONTINGENCIA: Una célula puede apartarse de lo esperado por circunstancias especiales.

Disimetría.

SINERGISMO: El todo es mayor que la suma de sus partes (ej.:telas dobles en negativo)

COLOR: Campo de acción para repeticiones rítmicas.

La *simetría* es la exploración del tiempo y el espacio y la relación entre positivo y negativo.

Por ejemplo: las danzas, trabajos de agricultura, equipos de fútbol.

AYNI: Alternancia rítmica y periodicidad

Reciprocidad e intercambio: Bilateralidad

Simetría Jerárquica: Organización del *ayllú*

Simetría Reflexiva: Matrimonio

Simetría Traslatoria: Sociedad o *tanka*

Antisimetría: *Yanantín* (Opuestos complementarios)

Todas las cosas deben tener su *par* para ser completas. El apareamiento simétrico necesario para mantener el mundo en equilibrio.

El Arte textil es el campo donde la simetría se expresa en plenitud:

Hilado: Simetría de rotación : ll'oque: S – mágico

Pana: Z - común

Urdido: Simetría de traslación

La maestra urdidora controla la economía y estimula las relaciones laborales y productivas del *ayni*.

Tejido: Bilateral y reversible. Rotación.

La tejedora se orienta de acuerdo a la simetría del diseño. Une los ritmos físicos(manos) y conceptuales(ideas).

"La tejedora está trasladando un ritmo temporal (del trabajo) en un ritmo espacial (el patrón del diseño)". (Weyl)

Josefh Camphel:
"El primer hombre fue andrógeno, al dar a lo femenino otra forma simboliza la caída de la perfección a la dualidad. Surge el bien y el mal, la unión de contrarios.
La eternidad se convierte en tiempo. División de uno en dos, en muchos marca el principio del ciclo cosmogónico."

Fig 32

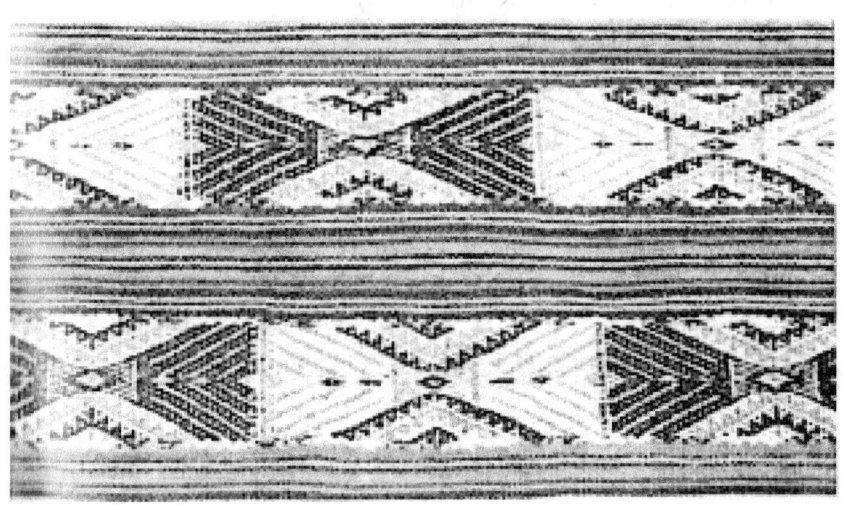

La Yupana

Sistema de cálculo Incaico

YUPANA: Sistema de cálculo incaico que consiste en un bloque de piedra de 20 x 30 cms., con oquedades dispuestas en 5 franjas horizontales y un n° variable de columnas donde se colocan piedritas o semillas. Se calcula de derecha a izquierda. No conocieron el 0.

La sucesión proporcional equivale a la naturaleza: piñas de los pinos, pétalos de margaritas, células del ADN. Sigue el modelo de multiplicación de las células, sirve para predecir elipses.

La escala es:

1-2-3-5-8   = 39   (La suma de los dos anteriores crea el siguiente)

Basaban su sistema de cálculo en 40 – 80 -120

Esa escala se aplica a los textiles y a la arquitectura.

Fig 33

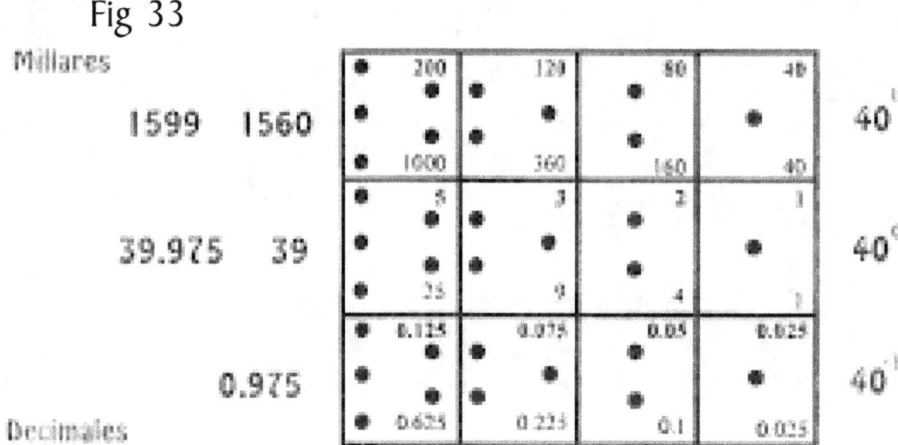

Millares

1599   1560

39.975   39

0.975

Decimales

40¹

40⁰

40⁻¹

ORDENAMIENTOS COMPOSITIVOS DE LOS DISEÑOS TEXTILES

SIMETRIA:

Lo primero a identificar para hacer un análisis simétrico es la unidad mínima, que no puede ser dividida en partes iguales, y observar su ordenamiento:

- Traslación: Movimiento de la unidad mínima a lo largo de un eje, en sentido horizontal o vertical.

- Rotación: Requiere que la unidad mínima sea movida en torno a un eje, cambando de orientación a cualquier punto.

- Reflexión especular: La unidad mínima es reflejada a ambos lados de un eje lineal a modo de espejo.

- Reflexión desplazada: Combina la reflexión especular con la traslación a lo largo de un eje.

RITMO:

La composición basada en simetrías, produce la idea de guardas o bandas propias de la estructura de diseño textil, marcando continuidad de lectura de unidades en traslación, rotación, desplazamiento o reflexión lo que en el lenguaje plástico llamamos ritmo. Los ritmos pueden ser:

- Continuos: Traslación de una misma unidad mínima en secuencias exactas con intervalos iguales.
- Alternados: Traslación alternada de dos o más unidades mínimas o una misma unidad con cambios direccionales, de color, tamaño o formas positivas o negativas.
- Libres: Ordenamientos de unidades diferentes en su forma o color, pero manteniendo una línea imaginaria de continuidad o lectura visual.
- Progresión: Ordenamientos crecientes o decrecientes por tamaños o gradientes de tonos o valores.

Estos ordenamientos rítmicos producen efectos dinámicos en los diseños, a pesar de sus estructuras ortogonales, enfatizados por los contrastes de color o matiz, tanto de las figuras como de los fondos.

Fig 34   fig 35

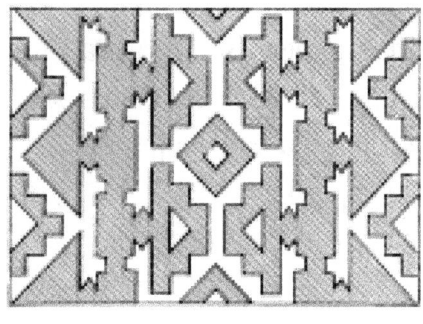

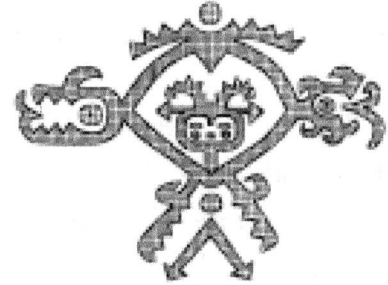

fig 36

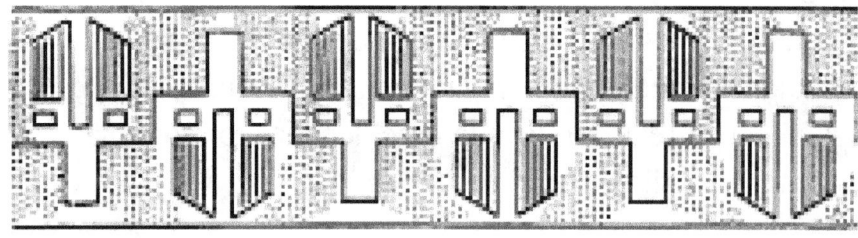

RELACION FIGURA-FONDO:

La percepción de los motivos se produce gracias a los efectos de contraste mencionados anteriormente, generando relaciones positivas , negativas y hasta reversibles o ambiguas de figura y fondo, muchas veces logradas por la trama y la urdimbre en el adverso y reverso del tejido a doble faz de los pallay. El uso de hilos diferentes produce diferencias de texturas produciendo sutiles relieves entre los motivos y la superficie del fondo.

Otra característica de los textiles del Altiplano es la complejidad de sus diseños, con una necesidad de llenar los espacios libres entre unidades con otras figuras de menor tamaño. Esto alterna con las pampas o espacios llanos o sin motivos que separan los pallay o bandas de diseños definidas, mediante encuadres lineales paralelos o pequeñas guardas enmarcando cada segmento de la pieza textil. Este sistema de fragmentación espacial, tiene una total relación con las tierras cultivadas en parcelas(pallay) y las no cultivadas(pampa), remitiéndonos nuevamente a su cosmovisión o relación intrínseca con el medio ambiente.

Fig 37

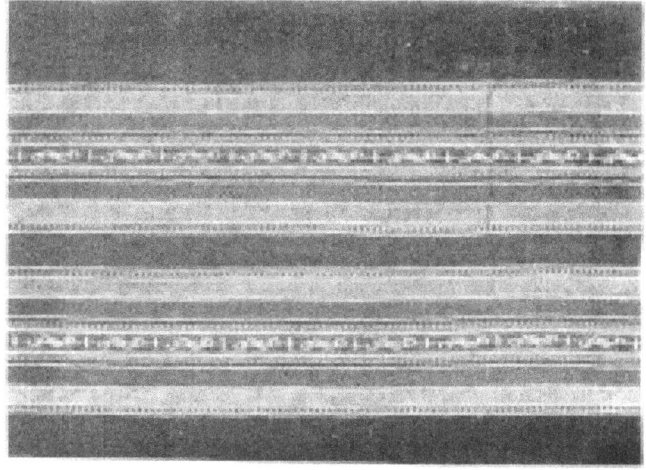

TECNICAS PARA PRODUCCION DE DISEÑOS:

Los diseños textiles se realzan a través de diferentes técnicas:

· PALLAY: Palabra que en quechua significa recoger. Las figuras se realizan recogiendo los hilos de diferentes colores según el motivo, quedando visibles los hilos de la Urdimbre. Son diseños a doble faz alternando los colores.

· WATAY: Significa amarrar. Se realiza amarrando hilos de la urdimbre con cuero o hilo, permitiendo que no penetre la tintura a la que es sometido posteriormente(Técnica ikat).El amarrado se hace respetando el diseño, el cual queda a la vista cuando se teje.

- AWAPAY: Volver a tejer. Sobre los bordes se teje una faja que asegura el tejido y es ornamental.

- CH'USKAY: Unión de dos piezas del tejido bordando con agujas.

Fig

EL SISTEMA DECORATIVO DEL WATAY

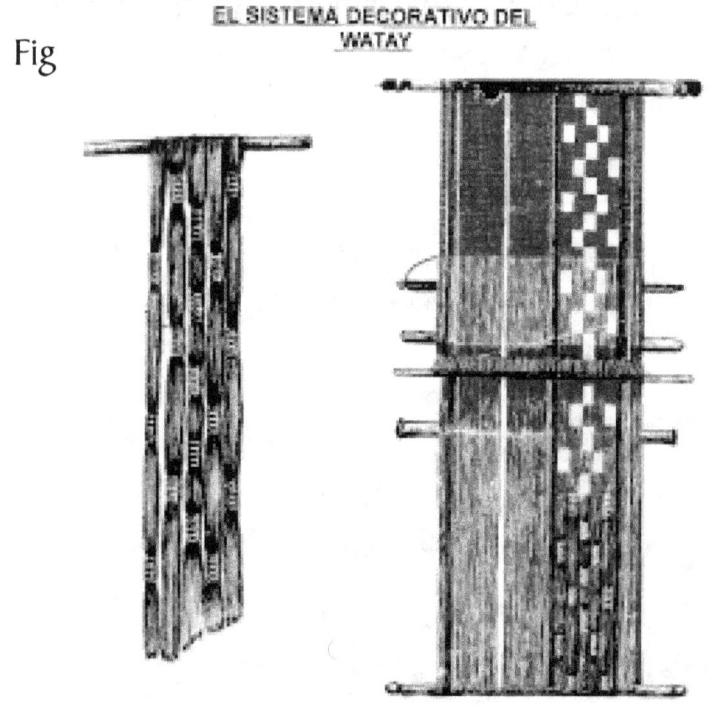

fig 39

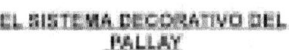

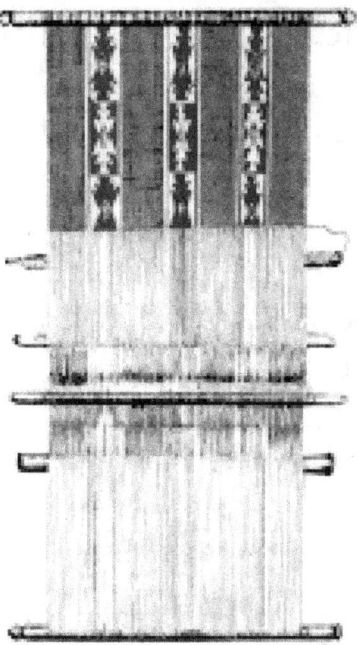

MOTIVOS

Los motivos característicos de las culturas del Altiplano se reiteran tanto en el diseño textil como en todas las manifestaciones artísticas, y hacen a una iconografía propia de la cosmovisión del mundo americano, con connotaciones más bien estilísticas propias de cada región, pero bajo el mismo patrón de clasificación.

Así podemos agruparlas según sean:

· NO REPRESENTATIVOS:

. Motivos Geométricos:

Escalonados: Unión de mundo de abajo con el de arriba. Dualidad divino-humana, camino de desarrollo.

Zig zag, ondulantes: Serpientes, ríos, caminos, Rayo, vía Láctea.

Rombos: ojos (ñawi) , lagos, sol, estrella

Rectángulos: Cerco o parcela de cultivo, línea divisoria de motivos.

Círculos: Dinámica y creación. Asociados al Inka . Tejidos Muyoq.

Triángulos: Chili o flor.

- REPRESENTATIVOS:

- Motivos Zoomorfos: Fauna representada con belleza, plasticidad, dinamismo, fluidez. Su actitud representa el carácter de la región. Los más comunes son: caballo, felino, perdiz, cóndor, picaflor, serpiente, perro, pez, camélidos, sapo, etc. Las huellas del animal representan al todo.

- Motivos Fitomorfos: Maíz, flores, árboles, rosas dentro de rombos.Estilizaciones, ornamentación hispana.

- Motivos Antropomorfos: Representación del Inka con símbolos de divinidad y poder. Escenas cotidianas, fiestas labores, familias. La figura humana aparece entre los demás motivos, sin jerarquización.

Los motivos figurativos son más comunes en los textiles anteriores a la Conquista, ya que representaban los seres míticos de la cosmología andina. Con la llegada de los Españoles, Toledo prohíbe estas representaciones y obliga a la utilización de motivos geométricos o la suplantación de imágenes; por ejemplo la incorporación del caballo o las flores a la iconografía. Analizaremos este proceso en la siguiente clasificación:

- Elementos Pre-Inkas: Serpientes, estrellas, sol, luna, cóndor, aves, seres mitológicos, cuadrúpedos alados, Animales dentro de otros. Seres míticos.

- Elementos Inkaicos: Tocapo:figuras geométricas dentro de cuadros aislados o alineados en fajas de sucesión horizontal o vertical. Rectángulos, rombos, cuadrados, con figuras lineales dentro: estrellas, animales.

- <u>Elementos Virreynales y Mestizos</u>: Sustitución de imágenes: caballos, ornamento floral barroco, águila Bicéfala, mono, sirena.

- <u>Elementos Republicanos</u>: Rama de olivo y laurel. Santiago. Hilos de Oro en bordados.

- <u>Elementos Contemporáneos</u>: Medio circundante: automóviles, motos, Helicópteros, aviones, alternando con monstruos mitológicos, estrellas inkaicas, ramas de olivo, flores barrocas, bailarines, familias.

- <u>Letras</u>: Posibilidad de leer el pallay:nombre del ejecutor de la   pieza y fecha de realización. Las letras cambian de sentido, alternan. Son elementos decorativos.

Fig 40

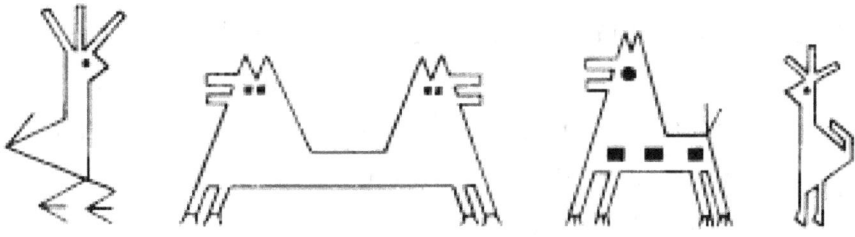

fig 41

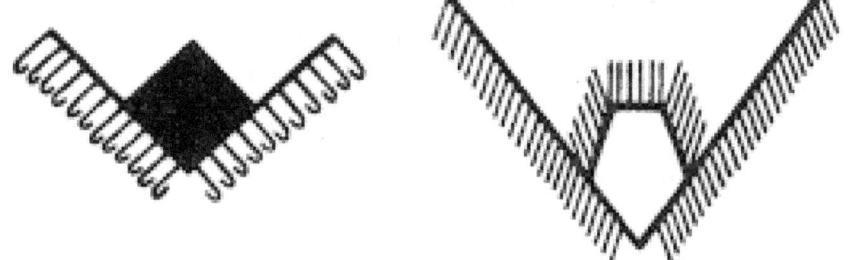

RECURSOS PLASTICOS E ICONOGRAFICOS EN LOS TEXTILES MAPUCHES

ANÁLISIS DE LA CONFIGURACIÓN VISUAL:

En los textiles mapuches el despliegue de recursos plásticos se presenta íntimamente relacionado con la técnica utilizada y con el tipo de pieza realizada. Los motivos y los colores dependen de la funcionalidad del textil. Las características principales son: líneas y formas cerradas, predominio de rectas tanto verticales, horizontales como diagonales. Se encuentran motivos representativos naturales: fitomorfos, antropomorfos y zoomorfos. Muchos abstractos y geométricos y motivos simbólicos. Los motivos lineales se despliegan con diferente intensidad según las piezas. En los *Trarüwe* predominan las líneas longitudinales rectas y curvas, en algunos casos se utilizan las perpendiculares. En las *Lamas y Matras* predominan las líneas oblicuas en ambas direcciones. En los *Makuñ* líneas longitudinales y escalonadas. En los *Chañuntuku* se juega con oblicuas y ortogonales. Los *Pontros* por lo general sólo presentan líneas longitudinales.

ESTRUCTURA VISUAL:

Los campos visuales están demarcados por los colores, por estructuras textiles y por técnicas decorativas estructurales. Las diferentes áreas de un textil y la presencia o ausencia de decoración dependen del significado de los textiles dentro de la Cultura mapuche. La configuración y la estructura visual de los mismos forman un lenguaje significativo y creativo que habla de signos de tradición iconográfica.

Los *Trarüwe* se dividen en tres áreas, dos franjas laterales angostas con motivos simples y un área central con motivos simbólicos y geométricos.

Los *Makuñ* se dividen en franjas con motivos, que pueden ser tres o cinco franjas y áreas lisas de un solo color. Sólo en el caso del *Sañitrarinmakuñ* se encuentra todo el campo cubierto por decoración.

Las *Lamas* tienen diferente estructura visual según si se trabajan con técnica de Ikat o urdimbre suplementaria. Aquellas que se trabajan con técnica de ikat , se dividen en franjas de número impar, ordenadas de forma simétrica en cuanto a la decoración, partiendo de un eje central hacia ambos laterales. La *Lamas* realizadas en urdimbre suplementaria se caracterizan por tener uno o varios motivos que se repiten como módulos formando una trama con predominio de líneas oblicuas.

Los *Pontros* se dividen en franjas longitudinales de colores o presentan un espacio liso segmentado por algunas líneas.

Las *Matras* tienen una estructura visual muy similar a la de las *Lamas*, en los módulos que se repiten, pero además se dividen en dos áreas por una franja central sin decoración y en algunos casos una franja longitudinal con listas o peinecillos.

Con esto, tanto en el área superior como en el área inferior el espacio queda dividido en tres partes.

Decodificar el *ñimin* requiere acceder al código privado de las tejedoras, básicamente femenino y noble. Los nobles idearon el *ñimin*, para desalentar las imitaciones extranjeras.

Figura y color forman una unidad y se articulan de manera necesaria. Lo que dice una figura es confirmado por el color, y viceversa. Figura y color son solidarios entre si, también solidarios con la "materia" del textil.

Fig 42

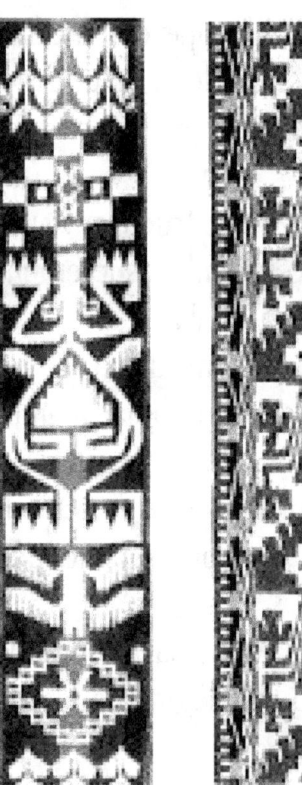

fig 43

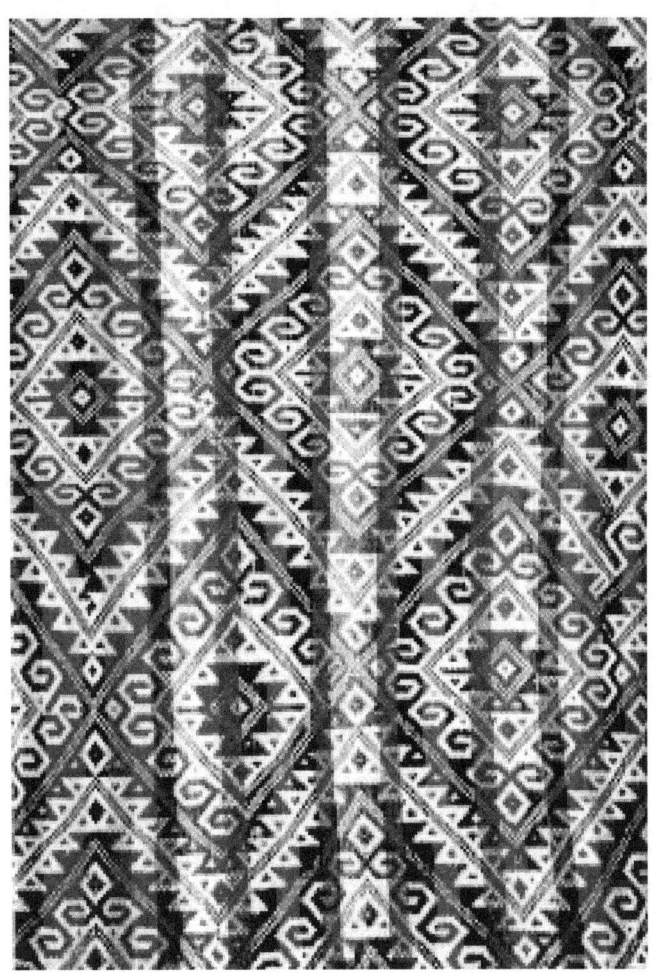

Proceso en la representación de Diseños Mapuches
Según Mege Rosso

Desdoblamiento por corte:

Las figuras son cortadas con ejes horizontales y/o verticales para luego ser desplegadas. La figura referente es sometida a múltiples posibilidades de alteración por corte en el diseño textil Mapuche.

La "Desmembración" es otra técnica por corte, donde a la figura inicialmente desdoblada se le cortan las partes. Algunas de ellas son desechadas y otras son agregadas a lo que quedó de la figura inicial, pero en diversos lugares.

La "Desarticulación" consiste en establecer, a partir de una figura inicialmente desdoblada, una nueva simetría. Mediante la desarticulación se alteran estos ejes, generando un nuevo equilibrio. Se hace necesario entonces, establecer otra figura idéntica con una disimetría opuesta a la primera, para recuperar el equilibrio necesario a la totalidad textil.

La "Dislocación" es la técnica de articular de un modo distinto dos componentes de una figura, cambiando la ubicación de sus unidades componentes.

El "Desollamiento" consiste en ocupar solo el perfil de una figura, su piel, para construir otra nueva figura.

Fig 44

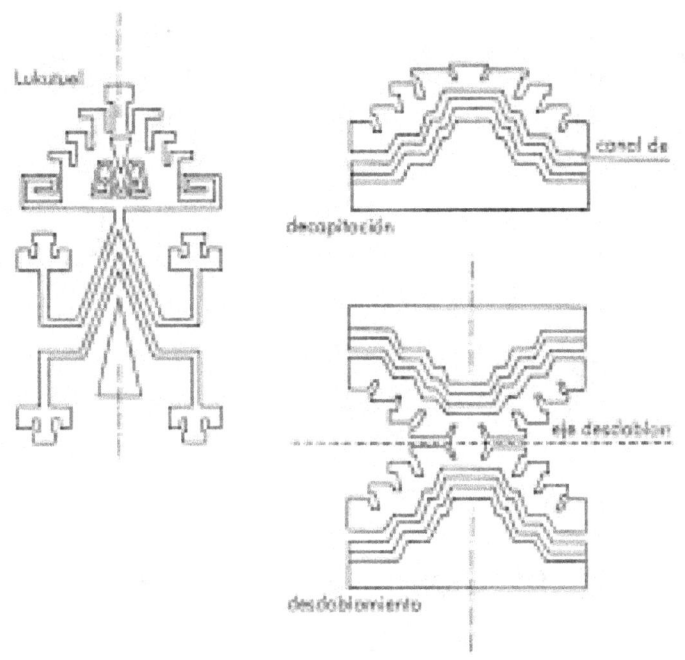

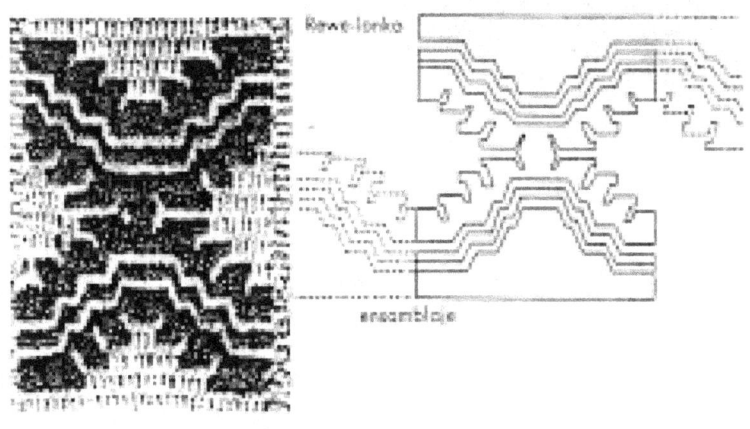

fig 45

fig 46

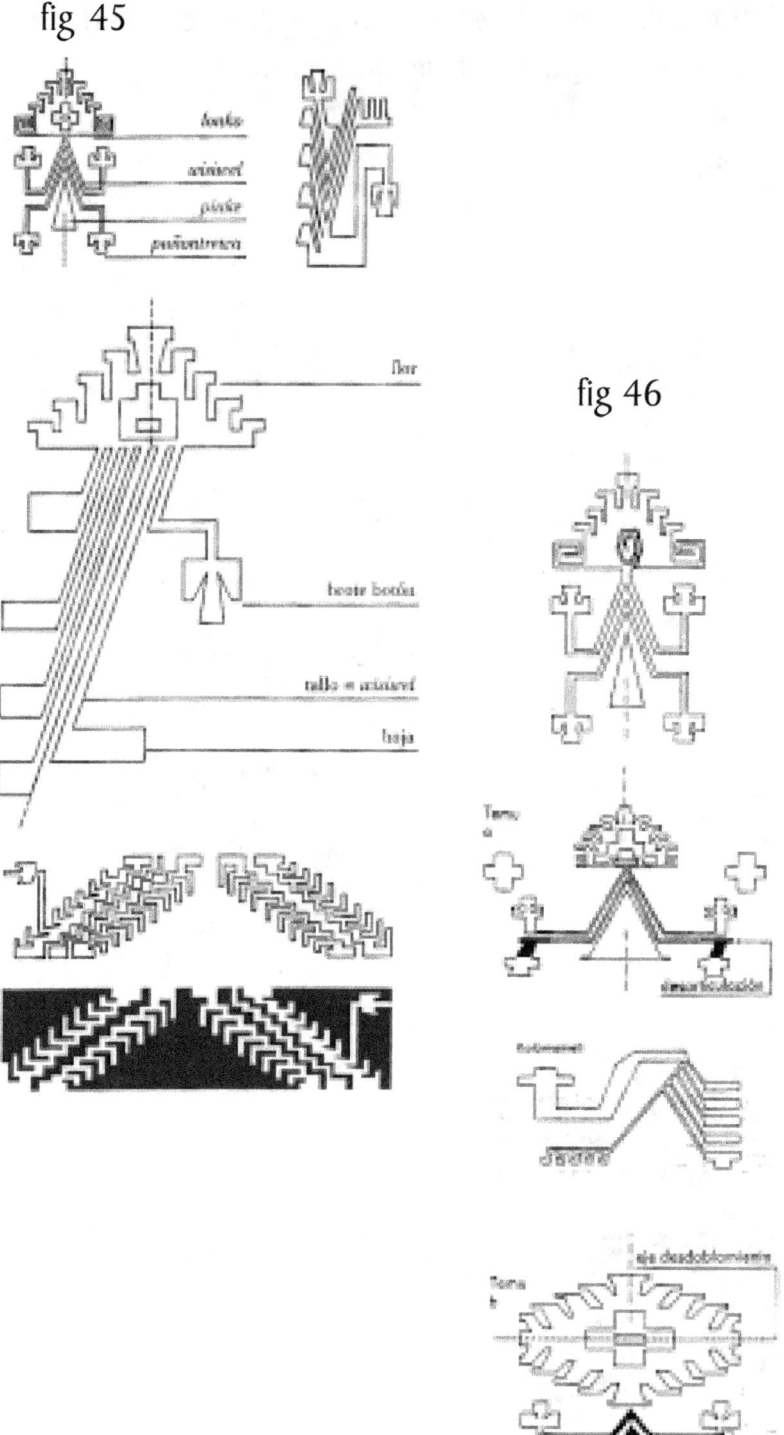

EL USO DEL COLOR

Como hemos dicho, las comunidades andinas representan el mundo circundante, el paisaje, sus tradiciones, su historia. El color tampoco es arbitrario, sino que posee carácter simbólico según la región o la función dentro del diseño. Hay una marcada tendencia a los colores contrastantes, vivos, alegres, cuya combinación de matices es mera intuición estética. Se separan por líneas oscuras para dar mayor definición al motivo.

En el uso del color podemos distinguir algunas características:

- Tratamiento opuesto del color creando ambigüedad visual. Tonos saturados en contraste con el fondo o entre si: rojo, azul, negro, rosa, verde, morado, amarillo. El color está al servicio del orden y la simetría.

- Degradaciones tonales o K'uichis(arcoiris). Acompañan los diseños del pallay entre banda y banda o dentro del diseño, o se ubican a los costados de la tela según la prenda.

- Ambigüedad por aplicación de colores en un mismo espacio, diferenciándose por contraste.

- Claridad o luminosidad sugerida a través del color, en contraste con tonos oscuros.

Teoría del Color

COLOR: Valor simbólico, en función de la simetría y el orden.

PERCEPCION: mecanismos psíquicos por los que damos significado a las sensaciones, basados en estructuras simbólicas. Cada grupo social difiere en su percepción del color según sus creencias, valores, sistemas de símbolos.

Selección: biológica natural: orgánica.

Cultural: a través de aprendizaje y adaptación social.

Procesos: Estímulo: Los cambios energéticos, electromagnéticos, mecánicos o químicos del ambiente, producen actividad nerviosa en las células y órganos sensoriales.

Sensación: Capacidad de los seres vivos para interactuar con el ambiente a través de los sentidos.

Percepción: Proceso cognitivo que consiste en el reconocimiento, interpretación significación de sensaciones obtenidas del medio (compara estímulos). Interviene el aprendizaje, la memoria y la simbolización.

TEORIA TRICROMATICA: Herman Helmhdtz
Existen tres receptores oculares de colores primarios, y tres
conos en la retina que perciben y mezclan el color :
Azul: long. de onda: 4300 º A   (máxima estimulación)
Amarillo: long. de onda: 5350 ºA
Rojo: long. de onda: 5764 ºA

TEORIA TETRACROMATICA: E. Hering
Colores básicos: Rojo-verde
Amarillo-azul
Tres pares de sensaciones cromáticas: rojo-verde,
azul-amarillo,
Blanco-negro
En la visión se activa un elemento del par para producir el
color. Las células que se activan y desactivan producen la mez-
cla.

IMPRESIONES SENSORIALES: Rojo: aumenta la presión san-
guínea
Azul y verde : reducen la presión sanguínea.
Sensaciones térmicas: calidez – frialdad
Sonoras: sonidos musicales
Emocionales: Rojo: excitación, ira
Azul: tranquilidad
Negro, gris: tristeza, depresión
Influyen en la secreción hormonal
Favorecen el marketing de un productor.

FORMA Y COLOR : La forma potencia el significado del
color.
Gimbel: Lado izquierdo del cerebro: lógico (atiende la forma)
Lado derecho del cerebro: creativo, intuitivo (reacciona ante

el color)

Al combinar colores y formas, unificamos los dos hemisferios cerebrales.

EL COLOR EN LA SELVA:

Cerámica: formas zooantropomorfas

Tintes vegetales: rojo, amarillo, negro, blanco

Collares: gris, negro, café (semillas)

Tocados y flechas: plumas de colores abundante

Pintura de rostro: líneas en rojo y negro.

Los colores lacandones:

Blanco: (säk): Claridad, falso, aparente, escaso, cuasicolor. Flor de nardo: creación. Color del sol, muerte, vejez, tristeza, miedo, resequedad, inframundo (espíritu bueno). Tigres blancos: destructores del Norte.

Negro: ('ek): Café gris: oscurecer, ensuciar, noche, miedo, tierra, tristeza, muerte, estrella. Inframundo, castigo. Oeste.

Rojo: (cha'k): Flores, curación, sol, sangre, sexo, enfermedad, soñar rojo presagia el mal, fuego, calor, sangre: creación vida, valor. Lugar de los guerreros: Xibalbá . Este

Amarillo: (kiän): maduro, maíz, sol, piel, calor, alegría, juventud, miel. Soñar amarillo: falta de sangre. Abejas: suerte. Sur

Verde:(ya'ak): azul, pasto, follaje, cielo. Buena milpa, crecimiento, retoño, primavera, vida, colibrí .Dios solar. Centro.

Blanco en el fondo, líneas rojas y negras: dualidad en equilibrio. Líneas rojas y amarillas: solares, calor, vida.

El color se desliga de la forma: **Totalidad simbólica.**

Los colores Mayas:

Cuatro razas o raíces. Blanca, Roja, Amarilla y Azul-Negra

Cinco castillos: Rojo: Este: sacrificio, luz, regeneración.

Blanco: Norte. Sabiduría, purificación
Azul-Negro: Oeste. Muerte, transformación.
Amarillo: Sur. Luz, vida, expansión.
Verde: Centro. Vida, nacimiento.

Los colores Incas:

Color: signo, símbolo, bajo estricto control. Categoría de manipulación divina en los quipus (Colores teñidos: patrimonio del Inca). Los códigos de color se mantuvieron en el tiempo, no siendo descubiertos por la conquista.

La oposición del color: es para identificación étnica y tiene usos diferentes. Manifiesta **orden** dentro de una organización social con interacción étnica. Ej:

Monocromía -bicromía	policromía
Colores oscuros	colores claros
Continuidad de color	discontinuidad de color
Color dominante	ningún color dominante

COLORANTES NATURALES:

PIGMENTOS:
PÚRPURA: Moluscos Murex brandaris (1000 Años de antigüedad)
M Trúnculus
Púrpura baemastoma
Región México. Uso: Prendas teñidas: tributos aztecas: nacimiento, fertilidad, muerte
CARMÍN: Cochinillas : insecto de las cactáceas.
Región: Altiplano y Centro América
NEGRO: Pino quemado-hollín con adhesivos naturales
Palo de Campeche-Pirolucita (mineral)

COLORES	INDIA	CHINA	GRECIA	MAYA	AYMARA-INCA
Blanco	Sacerdotes	Oeste Luto	Pureza	Norte: Luz, claridad, apariencia, creación, escasez, muerte, vejez. Espíritu bueno. Sabiduría purificación.	Femenino-masculino, semilla, tierra fértil.
Rojo	soldados	Sur	Hombre, sacrificio, amor fuego	Flor, curación, sangre, sexo, vida, valor. Este. Lugar de guerreros. Sacrificios, luz, regeneración	Sangre, vida. Sacrificio.
Negro, café, gris	Siervos	Norte	Luto	Oscuro, noche, miedo, tristeza, castigo. Oeste: transformación	Sucio, manchado, femenino, Luto, mala suerte.
Amarillo	Comerciantes	Centro	Sol, aire	Maíz maduro, sol, calor, energía, alegría, juventud, miel. Sur: luz, vida, expansión	Sol, luz, dorado, Sagrado
Azul, Verde		Este	Cielo, justicia, eternidad, dignidad, naturaleza, Tierra, agua, altruismo, integridad	Pasto, follaje, cielo, retoño, buena milpa, vida, colibrí, Dos Solar. Centro: vida, nacimiento. (asocian el azul con el negro)	Dignidad, nobleza, sagrado, realeza, distinción. Vida - naturaleza

75

BLANCO: Concha de ostras envejecidas por 20 años.
AZUL: Añil: Selva Amazónica
Índigo: hojas y tallos de la indigófera
ROJO: Rojo anaranjado: bija
Rojo granza: raíz rubia tintorium

COLORANTES SINTÉTICOS:

Muréxido: reacción de ácido nítrico con ácido úrico que da el púrpura.

Alquitrán de hulla: destilación de benceno, nafteno y antraceno: materia prima para los colorantes

Anilina: se extrae del benceno.

Procesos de Diseño

Exponemos algunos procesos posibles de adaptación del Diseño Prehispánico a la producción propia, a fin de evitar la reproducción y favorecer la recreación de diseños a partir de los modelos aborígenes:

PROCESO 1:

1- Seleccionar 7 motivos y combinarlos libremente (Método Best Mangard)

2- Encuadre o ventana: Seleccionar sectores del diseño anterior reelaborar módulos o unidades básicas de diseño.

3- Generar guardas o tramas con ritmos rectilíneos: Serie-traslación o alternancia, contraposición, reflexión especular, rotación, desplazamiento (Método Angel Guido)

4- Composición dual con simetrías: simetría perfecta-disimetría (relativa)-Antisimetría (opuesta)-Asimetría (inexistente).

Fig 47

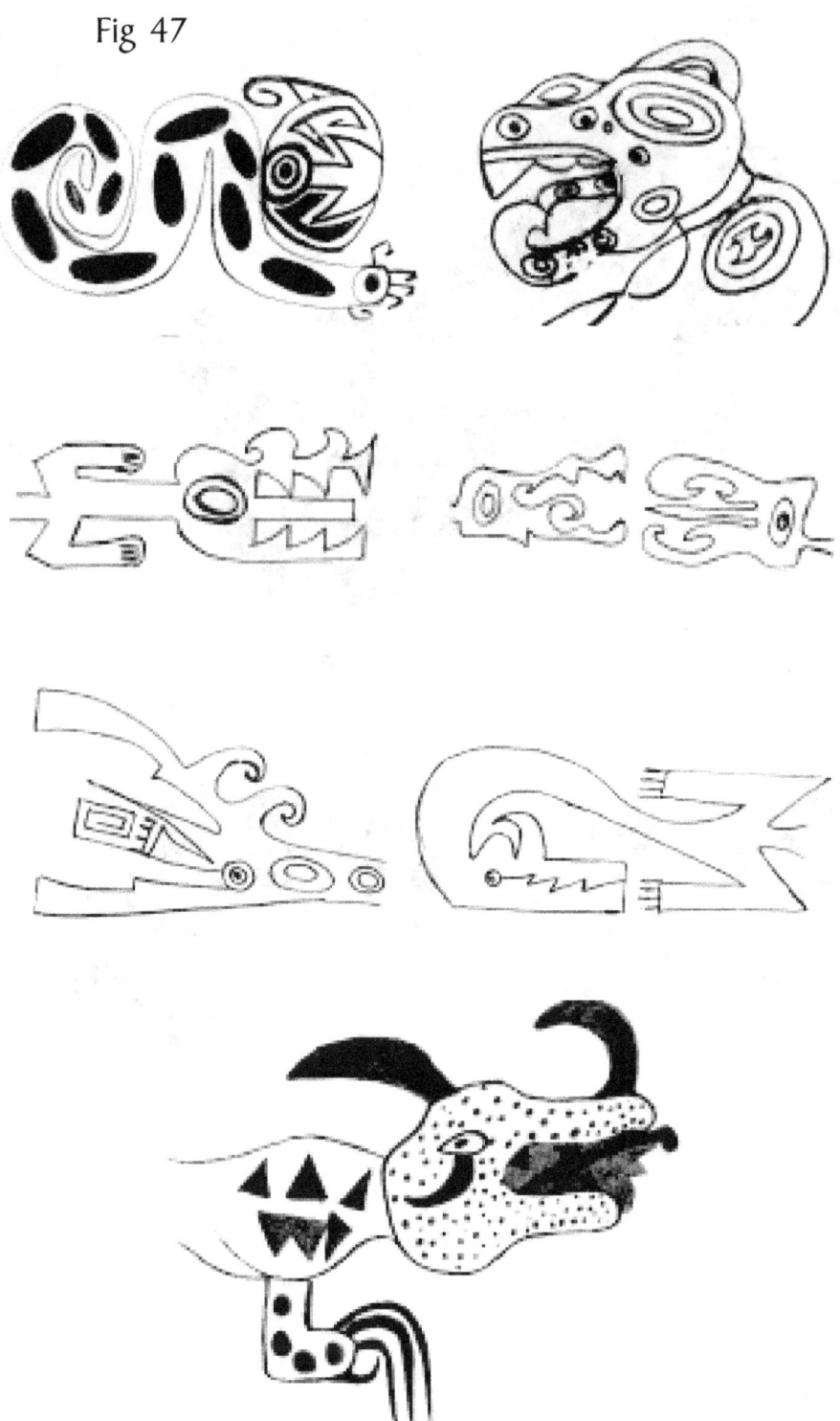

 Achy Huen

Fig 48

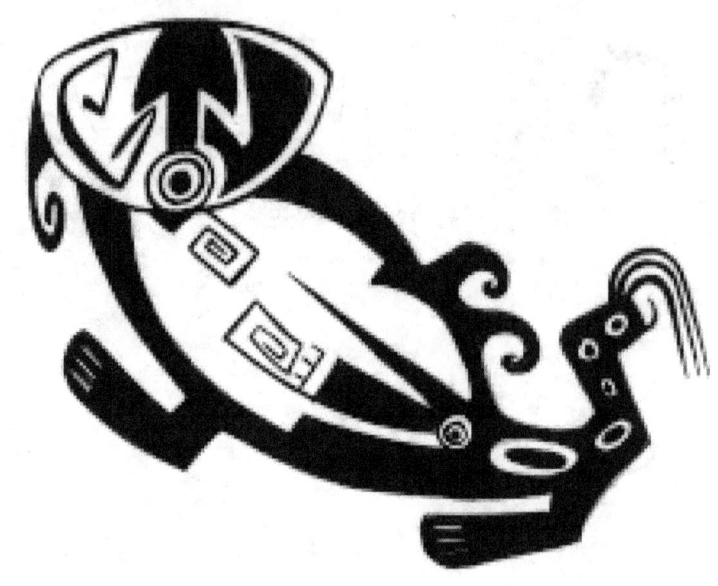

fig 49   fig 50

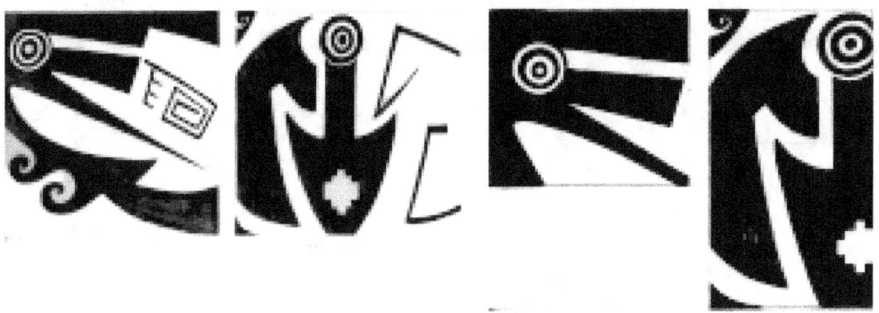

fig 51

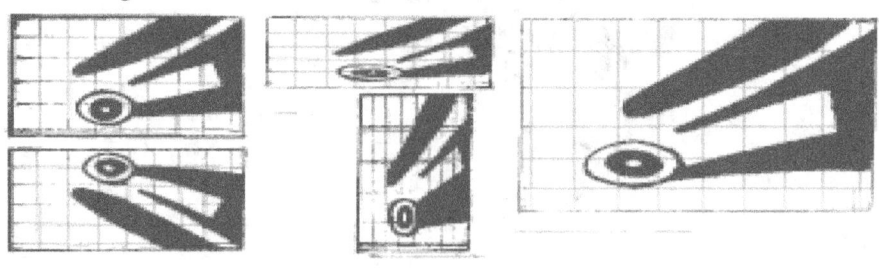

PROCESO 2:

5- Estudio naturalista de un objeto: zoomorfo, antropomorfo, fitomorfo, etc. Observaciones, vistas, encuadres.

6- Proceso de estilización y esquematización del diseño.

7- Variables morfológicas: Escalares – proporcionales- de posición-de oposición.

Fig 52

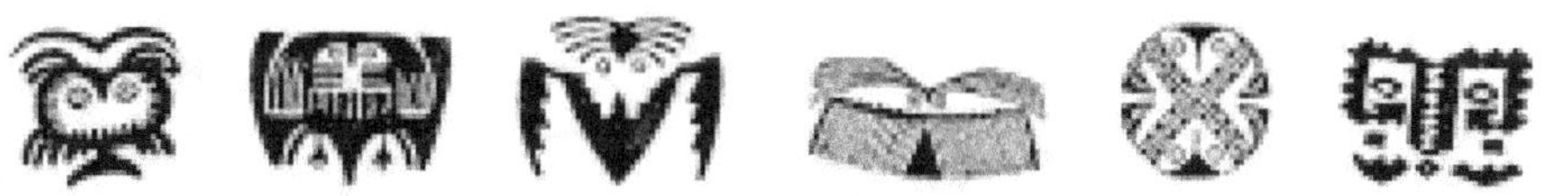

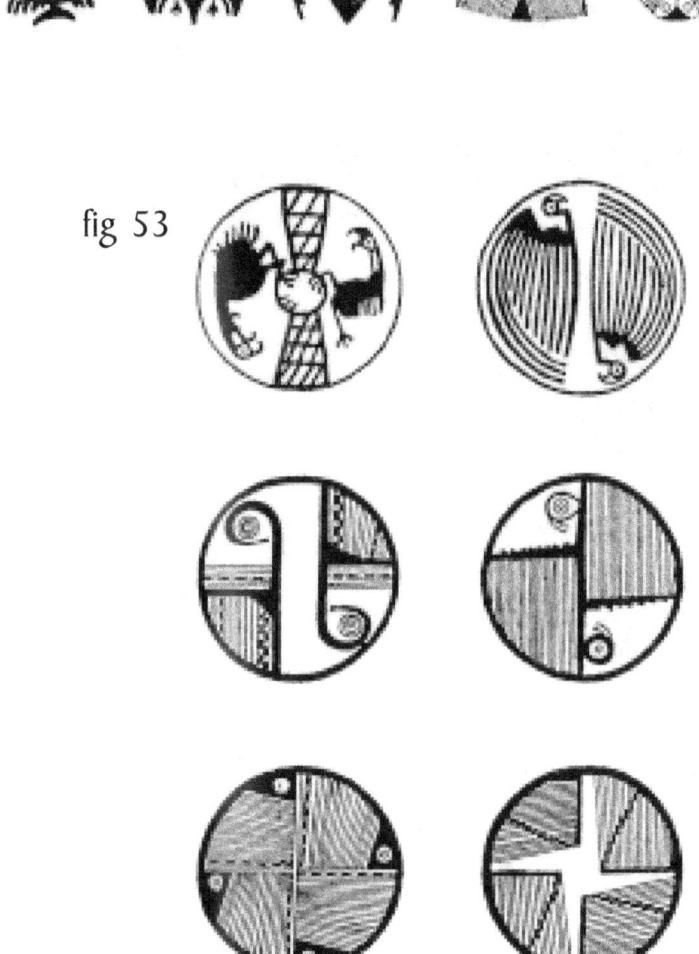

fig 53

Fig 54

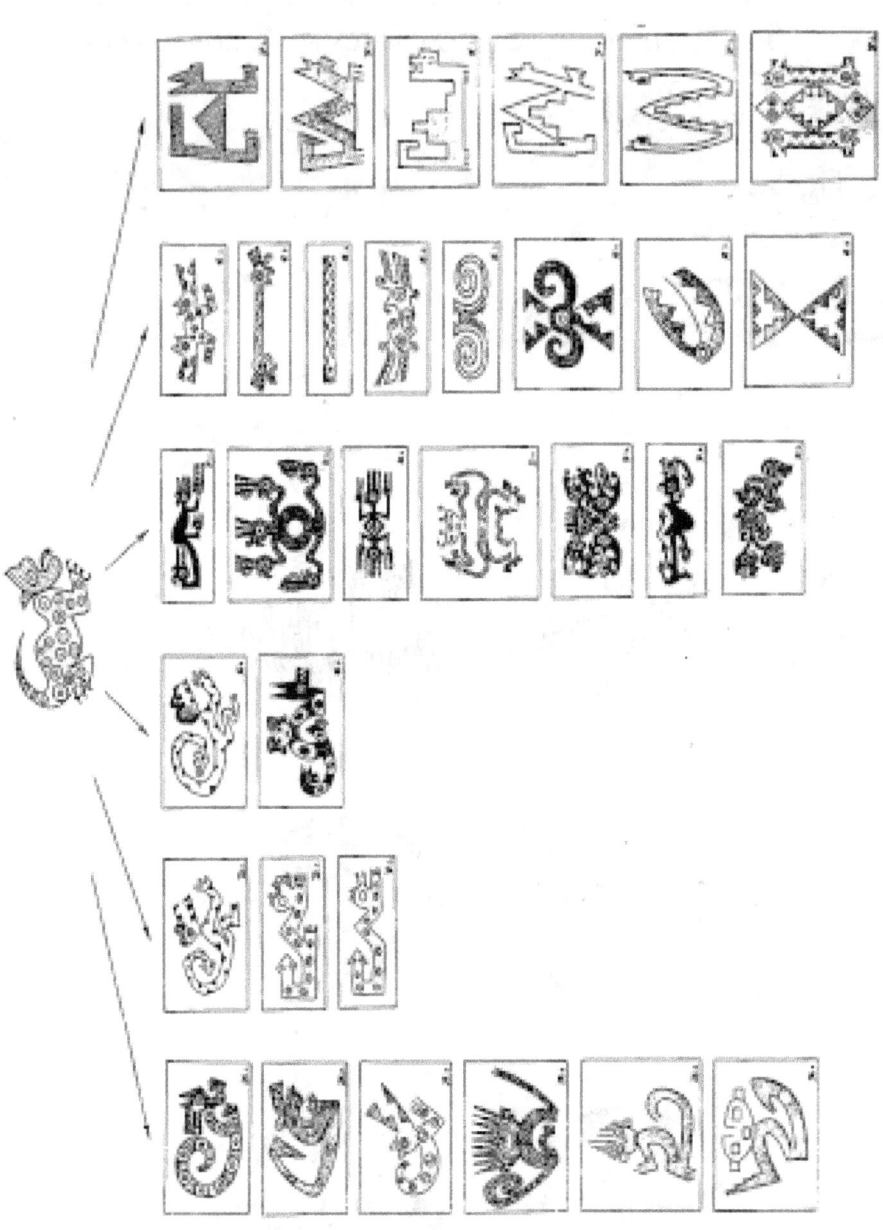

fig 55

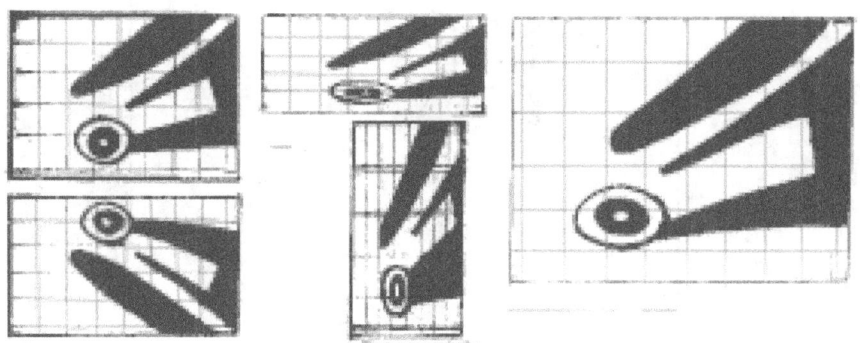

PROCESO 3:

8- Generar diseños según el código proporcional incaico: canon: 1-2-3-5-8= 39 (suma de dos números anteriores)

9- Color: Aplicación de monocromía – bicromía – tricromía –tetracromía – policromía a un mismo diseño.

10- Aplicar degradés tonales al diseño

11- Aplicar contrastes de color: altos , bajos , armonías.

12- Aplicación de texturas visuales y táctiles.

13- Relieve: sensación de volumen: aplicar modelado y modulado.

TRABAJO FINAL:

14- Elaboración del diseño para la obra final en la técnica elegida según la especialidad de cada uno, aplicando el o los diseños trabajados.

Fig 56

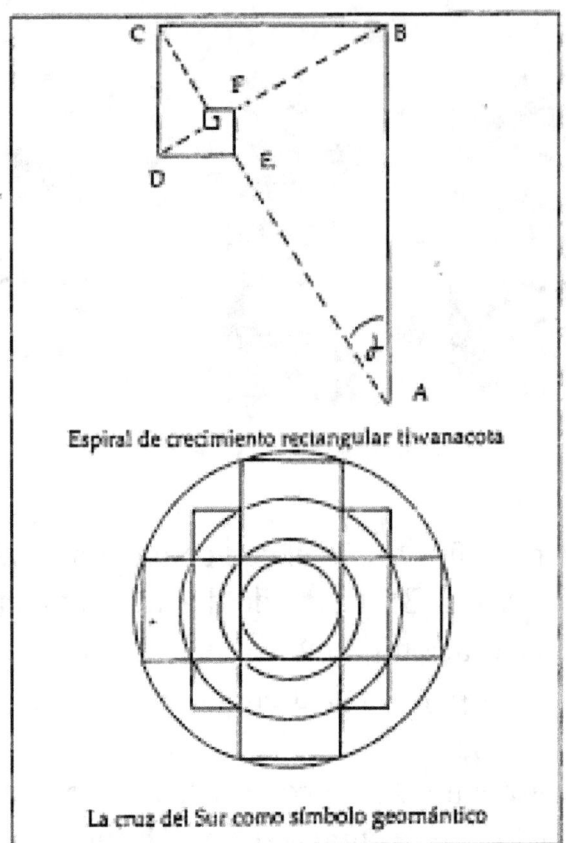

Espiral de crecimiento rectangular tiwanacota

La cruz del Sur como símbolo geomántico

fig 57

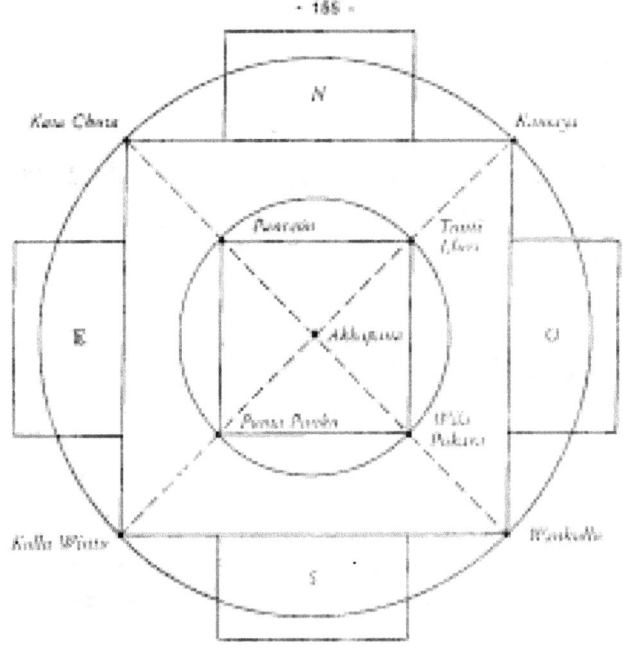

ÍNDICE

Ach Huen

BIBLIOGRAFÍA

GONZALEZ, Alberto Rex - "La Cultura de la Aguada del Noroeste Argentino"- Revista del Instituto de Antropología-Facultad de filosofía y Humanidades – Tomo II Córdoba 1964

GONZALEZ, Alberto Rex - "Arte Precolombino de la Argentina" – Ed Valero –Bs As 1977

GONZALEZ, Alberto Rex – "Arte , estructura y arqueología" Colección Fichas 35 – Bs As 1974

GONZALEZ, Alberto Rex – La estratigrafía de la Gruta Intihuasi . 1962

GONZALEZ, Alberto Rex – " Argentina Indígena" – Ed paidós Bs As 1973

GONZÁLES , Alberto Rex– Temas de la Academia - Publicación del Museo Nacional de Bellas Artes – Bs. As.

GONZÁLEZ , Alberto Rex – "Arte Precolombino" – Cultura La Aguada Arqueología y Diseños – Filmediciones Valero 1998

Nacional Geographic Vol 5, nº 1 – *En Busca del Color* – Julio 1999

ROJAS, Ricardo – "Silabario de Decoración Americana" - Centro Editor de América Latina – Bs   As 1930

MILLA VILLENA, Carlos – "Génesis de la Cultura Andina"

MILLA VILLENA, Carlos – "AYNI , Semiótica Andina de los espacios Sagrados"- Ed Amaru Wayra – Perú 2002

MIRANDA LUIZAGA, Jorge- "Filosofía Andina – Fundamentos, alteridad y perspectiva." – La Paz – Bolivia-1996

GISBERT , Teresa – "Arte Textil Y Mundo Andino"

SILVERMAN, Gail – "EL TEJIDO ANDINO: Un libro de Sabiduría"

FIADONE, Alejandro - "Diseño Indígena Argentino" – Ed LA MARCA- BS AS 2003

PIÑA CHAN, Roman- "El Lenguaje De Las Piedras" –Fondo de Cultura Económica México 1993

QUIROGA , Adan – "La Cruz En América" - Bs. As. 1977

SPRAJC, Ivan – "La estrella de Quetzacoalt" Ed Arqueoastronomía – Ed Diana- México – 1996

GONZALEZ, Federico – El Simbolismo Precolombino – Ed KIER – BS AS 2003

PEREZ, José Antonio – *Arte Rupestre del Cerro Colorado*

PEDERSEN, Absjorn – *Las Pinturas Rupestres de la Sierras de Córdoba y sus normas convencionales de Representación.* 1959

RICCI, Clemente –*Las Pictografías de las Grutas Cordobesas y su interpretación astronómico religiosa .* 1930

LUGONES, Leopoldo – *Las Grutas Pintadas del Cerro Colorado* – 1903

GOMEZ MOLINA, Eduardo – *El cerro Colorado: testimonio Aborigen de la Conquista de América .*

HOYOS, María de – *Las Piedras Escritas de San Antonio del Cajón* – Catamarca

Rev. Proyecciones 1973- *Siete mil años de Historia en Córdoba*

ASCHERO, Carlos – *Pinturas Rupestres, Actividades y Recursos Naturales: un encuadre arqueológico.*

Mariana Accornero

UNIVERSIDAD NACIONAL DE COMAGÜE – *Profundización de los aspectos estéticos de Petroglifos y Pictografías de la Provincia de Neuquén I y II –* 1996

VIDAL DE MILLA, Elba – *El Arte Textil. Simbolismo de los motivos decorativos*

TARANTO Enrique - MARÍ Jorge – *"Textiles argentinos"-* Ed El Maizal – Bs As 2003

EYZAGUIRRE M. Paz Lira- *"Estructuras, técnicas decorativas y configuración visual en los textiles Mapuche"* – Universidad de Chile

MEGE ROSSO, P. – *"Arte textil Mapuche"* – Museo Chileno Precolombino.

INSTITUTO NACIONAL DE ANTROPOLOGIA – *1000 Años de Tejido en la Argentina*

ASUR: Antropólogos del Surandino – *El Arte Textil d los J'alkas y de los Tarabucos*

CERECEDA, Verónica – *A partir de los colores de un pájaro*

CORCUERA, Ruth – *Arte Prehispánico: creación y persistencia en el Arte Textil-* Publicación Museo Nacional de Bellas Artes- *2001*

LOPEZ CAMPENI, Sara M. L. – *La trama del Desierto: Textiles Tempranos de Antofagasta de las Sierras.*

SERRANO , Antonio - *Arte Decorativo De Los Diaguitas*

SERRANO, Antonio – *Manual de la Cerámica Indígena-* Ed Asandri -Córdoba *1958*

POZZI SCOT, Denise - *Viejas formas, Nuevos estilos. La tradición del barro.*

PEREZ GOLLAN, Jose Antonio – Temas de la Academia – Art. Los Suplicantes, una cartografía social. *Publicación Museo Nacional de Bellas Artes- 2001*

FIADONE, Alejandro E. – *El Diseño Indígena Argentino.* La

Marca –Bs As 2003

CAIVANO, José Luis- *Retórica y Simetría, Una Conexión Olvidada* – SEMA: Sociedad de Estudios Morfológicos de la Argentina – Forma e Interdisciplina I- Bs As 2003

FRANQUEMONT, E. y C. - El Ojo Del Tejedor

ALBUERNE, Irene- DIAZ Y ZARATE, Vilma – *Diseños Indígenas Argentinos* – Ed Emecé – Bs As 1999

VARGAS MELGAREJO, Luz María – *Los Colores Lacandones* – Colección Científica – México 1998

PEPE, Eduardo G. – *Diseño Aborigen* – Ed. Del Prado – Bs As. 2003

STRAMIGIOLI, Celestina – **Teñido con Colorantes Naturales** – Ed Galerna y Búsqueda de Ayllú- Bs As 2004

Indice de Ilustraciones

Diaguitas . Antonio Serrano

Fig 11-Diseño Aguada. Fuente: El Diseño Indígena Argentino – Alejandro Fiadone – Bs As 2003

Fig 12- Diseño De Zigzag En Textil- Fuente: El Arte Textil. Delia Vidal De Milla- Municipalidad De Cuzco. Perú. 2000

Fig 13-Fajas Mapuches. Fuente: Taranto Enrique - Marí Jorge – "*Textiles Argentinos*"- Ed El Maizal – Bs As 2003.

Fig 14- Diseño Santa María.. Fuente: El Diseño Indígena Argentino – Alejandro Fiadone – Bs As 2003

Fig 15- Diseño Museo Ambato La Falda. Córdoba

Fig 16-Poncho De Combapata. Fuente: Arte Textil Y Mundo Andino. Teresa Gisbert. La Paz-Bolivia 1988

Fig 17- Diseño Antropomorfo. Fuente: Arte Decorativo De Los Diaguitas . Antonio Serrano

Fig 18- Diseño Geométrico. Fuente: Arte Decorativo De Los Diaguitas . Antonio Serrano

Fig 19- Diseño Textil Geométrico Con Rombos Fuente: El Arte Textil - Vidal De Milla- Municipalidad De Cuzco. Perú. 2000

Fig 20-Diseño Lineal En Trama. Fuente: Arte Decorativo De Los Diaguitas . Antonio Serrano

Fig 21-Diseños Cabezas De Serpientes. Fuente: El Diseño Indígena Argentino – Alejandro Fiadone – Bs As 2003

Fig 22- Diseño Antropomorfo . Fuente: Arte Decorativo De Los Diaguitas . Antonio Serrano

Fig 23- Diseño Jaguar Ambato. Fuente: El Diseño Indígena Argentino – Alejandro Fiadone – Bs As 2003

Fig 24-Arte Rupestre De Antofagasta De Las Sierras. Catamarca. Fuente: Diseños Nativos De La Argentina – Juan José Rossi

Fig. 25-Diseño Lineal Geométrico. Fuente: Arte Rupestre Neuquino . Educo Ed. Nº1 Sitio Colomichicó Dep Minas.

Neuquén. Teresa Vega – Mónica Gelóz

Fig 26- Diseño Rupestre Zoomorfo Antofagasta De Las Sierras Fuente: Diseños Nativos De La Argentina – Juan José Rossi

Fig 27-Diseño Geométrico. Fuente: Arte Rupestre Neuquino . Educo Ed. N°1 Sitio Colomichicó Dep Minas. Neuquén. Teresa Vega – Mónica Gelóz

Fig 28-Diseños De Guardas Textiles Con Rombos. Fuente: El Arte Textil. Delia Vidal De Milla- Municipalidad De Cuzco. Perú. 2000

Fig 29- Diseño Santa María. Fuente: El Arte Textil. Delia Vidal De Milla- Municipalidad De Cuzco. Perú. 2000

Fig 30-Diseño Aguada. Fuente: Diseños Nativos De La Argentina – Juan José Rossi

Fig 31-Diseños Flores. Fuente: Diseños Nativos De La Argentina – Juan José Rossi

Fig 32- Fuente: El Arte Textil. Delia Vidal De Milla- Municipalidad De Cuzco. Perú. 2000

Fig 33-Dibujo De Yupana Inca. Fuente: Ayni . Carlos Milla Villena. Lima Perú 2002

Fig 34-Diseño Geométrico Aguada. Fuente: Arte Decorativo De Los Diaguitas . Antonio Serrano

Fig 35-Diseño Aguada Shaman. Fuente: Arte Decorativo De Los Diaguitas . Antonio Serrano

Fig 36- Diseños Antropomorfos Aguada. Fuente: Arte Decorativo De Los Diaguitas . Antonio Serrano

Fig 37-Diseño Textil Achiri. Fuente: Arte Textil Y Mundo Andino. Teresa Gisbert. La Paz-Bolivia 1988

Fig 38-Técnica Decorativa Watay. Fuente: El Arte Textil. Delia Vidal De Milla- Municipalidad De Cuzco. Perú. 2000

Ig 39-Técnica Decorativa Pallay. Fuente: El Arte Textil. Delia Vidal De Milla- Municipalidad De Cuzco. Perú. 2000

Fig 40-Diseño Charanzani. Fuente: Arte Textil Y Mundo Andino. Teresa Gisbert. La Paz-Bolivia 1988

Fig 41- Esquemas Abstractos De Pájaros. Fuente: Arte Textil Y Mundo Andino. Teresa Gisbert. La Paz-Bolivia 1988

Fig 42-Fajas Mapuches. Fuente: Taranto Enrique - Marí Jorge– *"Textiles Argentinos"*- Ed El Maizal – Bs As 2003

Fig 43-Mantra Mapuche. Fuente: Taranto Enrique - Marí Jorge – *"Textiles Argentinos"*- Ed El Maizal – Bs As 2003

Fig 44-Proceso De Diseños Mapuches. Fuente: Mege Rosso, P. – *"Arte Textil Mapuche"* – Museo Chileno Precolombino

Fig 45- Proceso De Diseños Mapuches. Fuente: Mege Rosso, P. – *"Arte Textil Mapuche"* – Museo Chileno Precolombino

Fig 46- Proceso De Diseños Mapuches. Fuente: Mege Rosso, P. – *"Arte Textil Mapuche"* – Museo Chileno Precolombino

Fig 47-Diseños Seleccionados. Fuente: Diseños Mariana Accornero 2004

Fig 48-Diseño Elaborado.Fuente: Diseños Mariana Accornero 2004

Fig 49- Ventanas 1.Fuente: Diseños Mariana Accornero 2004

Fig 50-Ventanas 2. Fuente: Diseños Mariana Accornero 2004

Fig 51-Simetría Guarda. Fuente: Diseños Mariana Accornero 2004

Fig 52-Proceso Síntesis De Un Buho. Fuente: Arte Decorativo De Los Diaguitas - Antonio Serrano

Fig 53-Proceso De Síntesis De Un Condor. Fuente: Diseños Nativos De La Argentina – Juan José Rossi

Fig 54- Proceso De Síntesis De Jaguar.Fuente: Arte Decorativo De Los Diaguitas . Antonio Serrano

Fig 55- Variables Morfológicas. Fuente: Diseños Mariana Accornero 2004

Fig 56-Proporción Aymara. Fuente: Jorge Miranda Luisaga: La Puerta Del Sol. La Paz 1991.Bolivia

Mariana Accornero

Fig 57-Construcción De Chacana. Fuente Jorge Miranda Luisaga: La Puerta Del Sol . La Paz 1991 - Bolivia

95

Reimpreso por Editorial Brujas • mayo de 2017 • Córdoba–Argentina